今日から始める

SHOW UP の習慣

由水 南
Yusui Minami

選ばれなかった私の
それでも折れない
心の作り方

はじめに

　あなたは、今の人生を最高に幸せだと感じていますか？

　アメリカでも日本でも格差が拡大し、人々が分断され、挑戦する前に諦めてしまっている、あるいは諦めざるを得ない状況にいる人が増えています。でも、だからこそ、私は「可能性は無限大」だということを、謳い続けたいと思います。私の場合、それを教えてくれたのは、演劇とブロードウェイの舞台、そしてニューヨークの街でした。

　自己紹介が遅くなりました。はじめまして、由水南と申します。私は長年、俳優としてアメリカ・ニューヨークにあるミュージカルの本場ブロードウェイの舞台に立ち、世界中から訪れる何百万人というお客様に演劇を通して感動をお届けしてきました。演劇界で世界最高峰とされるブロードウェイでの経験を活かして、2014年に『YU-project』を立ち上げ、講演会やセミナーなどを通して、参加者が自らの「無限大の可能性」を発見し、人生に対して前向きにチャレンジし続けるためのサポートをしています。

「ブロードウェイ俳優だなんて、それはさぞ順風満帆な人生なのでしょうね」と思われるかもしれませんが、実際はその真逆でした。本書では、私が前例のほとんどない夢、そして不可能に見える夢に向かってチャレンジする中で体験してきた、挫折や苦悩、そして試行錯誤したエピソードの数々をご紹介しながら、特にブレークスルーのきっかけになった場面を抽出し、今日からあなたにも実践していただける具体的なメソッドとして

お届けします。

　落ち込んだとき、背中を押してほしいとき、大きな決断で迷っているとき、この本を開いてみてください。このストーリーの中には、きっとあなたの人生に役立つエッセンスが秘められているはずです。

　大好きな街、ニューヨークが与えてくれた貴重な出会いや学びを、私は"GIFT"と呼んでいます。その中でも、これまでの私の人生において不可能と思われることが可能になったとき、そしてよい変化が起きたときに必ず共通して行っていたことがあります。それが本書のタイトルにもある"Show Up"（ショーアップ）です。

　直訳すると「参加する、現れる、出席する」という意味なのですが、日本語で言うとなんだか堅苦しくてぎこちなく、うまく伝わらないかもしれませんね。

　私自身、このShow Upというフレーズの本当の意味を理解するまでには、とても時間がかかりました。きっとよく耳にしていたはずですが、特に気に留めることもなく、完全にスルーして聞き流していました。しかし、演劇学校の期末試験中のある日、尊敬する先生に「俳優としてショービジネスで生き残るための三大鉄則、その1つはShow Upすることだ」と言われて以来、このフレーズを真剣に意識するようになりました。

　Show Upは、人生を変えます。

　そして、Show Upとは、私たちが可能性に焦点を当てるためにできる究極のアクションです。

演劇業界に例えると、行こうかどうか迷っているオーディションがあるとします。このオーディションに「行かない」＝「Show Upしない」と決めた瞬間、自動的にそのオーディションに受かる可能性はゼロになります。しかし、とりあえず「行ってみる」＝「Show Upしてみる」とどうでしょう？　どんなに無理と思っていても、Show Upした段階で、可能性はゼロではなくなります。「ひょっとしたら受かっちゃうかも……」と、かすかな可能性が生まれるのです。このように意識的に可能性が生まれるチャンスを作り出していく行為がShow Upです。

　Show Upには数えきれないほどの「特典」があり、それは本書を通してじっくりお伝えしていきますが、そのうちの1つが、Show Upはいつかできるようになるものではなく、今この瞬間から選ぶことができるという点です。
　あなたにも、「今日からShow Upする」という選択肢があるのです。

　私は、高校卒業後18歳で日本を飛び出しアメリカに渡るまで、実は「ブロードウェイの舞台に立ちたい」という夢をあまり語ってきませんでした。当時、地元の石川県金沢市でミュージカルを体験できる場所はありませんでした。ミュージカルをやったこともないのに、「ブロードウェイ俳優になりたい」と宣言することにためらいがあったのです。
　実際、一度この壮大な夢を口に出したとき、知り合いのおばさんに鼻で笑われて、深く傷ついたことがあります。
　「厳しい世界やろうからねぇ、なかなか難しいんじゃないんがん」（金沢弁）

標準語で言うと、「厳しい世界でしょうからね、なかなか難しいのではないかしら？」です。

　今振り返れば、もしも叶わなかったときにガッカリしないように、思いやりで言ってくれたのかもしれません。でも、当時、私の中で漠然としながらも着実に膨らみ始めていた夢にプシュッとひと針刺され、一気に希望がしぼんでしまったような感覚を覚えています。同時に、そうやって頭ごなしにすぐ「無理」と決めつけられることが、とても悔しかったことも。
　どちらにしても、基本的には「わー、素敵な夢ね！　がんばって！　応援してる！」と背中を押してくれるような人は、ほとんどいませんでした。

　それでも、大それた夢、不可能な夢を諦めずに、実現に向けて行動していく中で、私が大切にしてきたモットーがあります。それが、"You are Unlimited."「可能性は無限大」です。

　結果的に夢が叶ったとしても、そしてもし叶わなかったとしても、私が確信をもって言えることは、可能性を感じられる毎日の方が断然楽しい！ということです。
　私は、この「可能性に焦点を当てる生き方」を意図的に選んだからこそ、10代の頃にはまったく想像できなかったほど自分を信頼してあげられる人間になることができました。「背中を押してくれる人がいない」と嘆く代わりに、いつでも自らをなぐさめ、励まし、促せる人間になれたのです。
　それは、もしかしたらブロードウェイで夢が叶うという華やかな功績以上に価値があるものだったかもしれません。なぜなら、

自分自身を信頼してあげられる人間になるということは、どんなときでも自分を支えられる心強い土台を手に入れることになるからです。

　私は、これまで数多くのいわゆる「敷かれたレール」から外れる選択をしてきました。その分風当たりも強かったですが、デコボコした道をあえて選び、どんなにスローでも、自分なりに這いつくばってShow Upし続けたからこそ、自分らしさを発揮して人生を築いているという実感があります。これだけは、自信を持って言えます。

　Show Upの反対は、簡単に言うと「何も決めないで、何もしない」ことです。それ以外は、すべてShow Upです。
　だから、Show Upは、必ずしも毎回派手な行動をする、という意味ではまったくありません。あなたが何かを決めて一歩を踏み出すこと、半歩でもいいです、その半歩がShow Upです。それこそが現実を変え、あなたらしさが輝く人生のスタートになります。

　あなたは今の人生を「最高に幸せ！　楽しい！」と心から言えますか？　あなたの実力も魅力もしっかり輝く人生を歩んでいると感じていますか？

　私は、これまで赤ちゃんから大人まで約5000人以上が『YU-project』のプログラムを受講してきましたが、たくさんの方々の人生が変化する瞬間に立ち会ってきました。その中で断言できることは、あなたにも今日から自らの人生を変えるパ

ワーがある、ということです。

　年齢も生い立ちも、経済的条件も、いわゆる逆境といわれる状況でも、どんなスタートラインでも大丈夫です。あなたが今どうShow Upするかで、人生のストーリーはおもしろいほど劇的に変化します。

　あなたが今この本を手に取り、読んでくださっていることも、すでにShow Upです。

　Thank you for showing up!

　ショーアップしてくださって、ありがとうございます！

　今、がんばっているのに結果が出なくてもがいている方、初めから自分にチャンスなんてないと諦めている方、夢破れて第二の人生を歩み始めている方、自分が何をしたいのか、何をしたらいいのかわからなくて悩んでいる方、そして、それでも自分の可能性を諦めたくないすべての方々に、この本を捧げます。

　本書が、あなたの人生を開拓するためのとびっきりの応援歌になりますように。ニューヨークよりエールを送っています。

　You are Unlimited!

　Let's Show Up!

Contents

Chapter

2

英語の授業でまったく話せなかった
私が、ニューヨークに行って
演劇を始めるまで

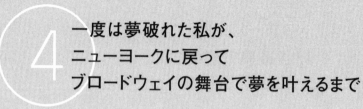

Chapter

4

一度は夢破れた私が、
ニューヨークに戻って
ブロードウェイの舞台で夢を叶えるまで

Chapter

5 ニューヨークが教えてくれた 最高の自分の見つけ方

Prologue

　天にも昇る気持ちというのは、こういうことをいうのだろう。

「やっと、アメリカでミュージカルの舞台に立てる」

　着陸後のジョン・F・ケネディ国際空港では、入国審査の列に並んでいる間は、携帯電話の使用が禁止されていた。2005年当時の携帯電話（極小の液晶画面がついたフィーチャーフォン）は、パリでは使い物にならなくて6日も見ていなかったので、気になってつい電源を入れてしまった。いくつかの不在着信と留守番電話にメッセージが入っていたので、強面の入国管理局の職員に見つからないように、そっと留守電を再生してみる。

「MSMT（メイン州音楽劇場）のカンパニーマネージャー、キャシーです。あなたに嬉しいお知らせがあります。先日の最終審査の結果、この夏の3カ月間、私たちの劇場のパフォーマンス・インターン（俳優見習い）として働くポジションをあなたにオファーしたいと思います。通常、ほとんどの劇場ではインターンは無償ですが、我々からは有償の契約（週に60ドル、食事代70ドル、計130ドルの報酬）を提供します。よい返事を待っています」

初めは耳を疑った。私の英語のリスニング力も相当怪しいが、なにせオファーの電話なんて受けたことがないので、勘違いの可能性だってある。何度か聞き直した後、どうやらこれが本当に仕事のオファーだと確信し、その途端、爆発的な喜びがこみ上げてきた。本当は、「やったー!」と叫んで、その場で歌って踊り出したいくらいだったが、そんなことをしたら入国管理局の職員につまみ出されてしまう。歓喜の気持ちをぐっと堪え、一人でニヤけながら何度も何度も、繰り返しその留守電を聞き直した。

　これが、私が初めて舞台の仕事のオファーを受けた電話だ。

　この電話を受ける前の週まで、私は行き詰まっていた。何かを変えたいという一心で、ある計画を立てる。当時、故郷の石川県金沢市の美術大学に通っていたゆいちゃんとイギリスにバレエ留学中だったあいこちゃんと3人で、パリで待ち合わせして旅行をするという計画だ!

　日程を決めた瞬間に航空券を取り、安いアパートの短期レンタルを見つけて予約した。この冒険を書き留めておきたくて、新しいノートも買った。白地に赤とピ

ンクの花がちりばめられていて、持ち運びに便利なゴムバンド付き。片手に収まる程度に小ぶりなサイズを選んだ。

NYC 9:41pm 3/16/05
パリに出発する前日
　特に忙しいわけでもないのに、なんだかそわそわして落ち着かない。明日のオーディション用の服を探していても、やや、いやとても挙動不審だ。パソコンからは、ORANGE RANGEの『花』が流れている。この日記を書き始めたときの私の心は、灰色と茶色を混ぜてぐちゃぐちゃにしたような汚い色だったけれど、J-POPを聞いているうちに不思議と素直な気持ちになれて、薄い灰色くらいには収まってきた。明日は、オーディションで忙しい。朝からウィスコンシン州にある劇場の第一次審査、午後にはメイン州の音楽劇場（MSMT）の最終審査が入っている。そのまま空港に直行して、初めてのヨーロッパ、パリへ！　次に日記を書くときは、飛行機の中だ 。

Paris 11:30am 3/18/05
『Craigslist』で見つけた、バスティーユ地区にある短期レンタルのアパートにて

本当は飛行機の中でも少し書きたかったのだが、と
てもそんなことのできる状況じゃなかった。アメリカ系
の航空会社を避けてエア・インディアを選んでみた
が、日本人は私くらいで、狭い席の両脇をインドのお
じさん2人に固められる。6時間の辛抱だと思って我慢
していたら、なんとパリの雲が濃くて着陸できないから
ロンドンに向かって折り返すという。結局、12時間（!）
かかった。冗談じゃない。

　昨日の午前中のオーディションは、第二次審査に進
んだ。午後のMSMTの最終審査もなかなかよくできた。
と、思う。この旅行が楽しみすぎて、あまり緊張しな
かった。それが表情にも出ていたのか、審査員にまで
「何かいいことあったの?」と声をかけられて、思わず
「今からパリに行くの!」と即答してしまった。疲れて
いるはずなのに、足取りは軽かった。

NYC 3：55pm / Paris 9：55pm 3/22/05
着陸する前に思うこと

　パリへの旅は、大正解だった。アパートの近所で買
い物をして、食べて飲んでいっぱい笑った。今度来る
ときは、セーヌ川のそばに座って、あのハズレなしに
美味しいベーカリーのパンとワインをゆっくりと堪能した
い。帰ったら、またオーディションが始まる。準備は
できている。気合も復活した。夏には絶対にミュージ

カルの舞台に立つ！

　フランスでは、幸運なことに毎日晴れていて、とても暖かかった。今朝、シャルル・ド・ゴール空港から外を見たら、雨が降っていたので、誰かが私たちのために雨が降るのを引き留めていたのかもしれない。機内の窓からマンハッタンの景色が見えてきた。しばらくは、またここが私の街になりそうだ。飛行機が着陸する。ただいま、ニューヨーク。舞台がある限り、やっぱり私にとって特別な街。ではでは。いざ入国！

　後日、オレンジ色の大きな封筒が家に届いた。たくさんの書類や資料が同封されていて、「おめでとうございます。あなたは1000人以上の志願者の中から選ばれました」というカバーレターとともに、1枚の契約書が入っていた。これが、私にとっては俳優として（たとえ、それが俳優「見習い」だっとしても）初めての契約書だ。「ブロードウェイの舞台に立ちたい」という夢に、大きく一歩近づいた瞬間だった。

Chapter

1

Growing up in Kanazawa

英単語1つしかわからなかった私が、

地方の高校から

アメリカの大学に留学するまで

Growing up
in Kanazawa

　壮大な夢は、漠然とした憧れから始まるのかもしれ
ない。この章は、私が海外、そしてブロードウェイに
憧れ、夢への一歩を踏み出すまでの話。

　私は、石川県金沢市で生まれ育ち、18歳まで小・
中学校、高校と公立の学校に通っていた。そんな私
が、なぜ留学を目指し、まわりと違う道を歩み始めるこ
とになったのか。当時は、留学する人どころか、海外
と関わりのある人すらほとんど見当たらなかった。きっ
かけは、海外の文化や英語という言語に「人と違って
いいんだよ」という許可をもらえた気がしたからだ。
このアイデアに希望を感じ、子ども心に気持ちがとても
ラクになったことを覚えている。

　ミュージカルを初めて観たのは、11歳のとき、東京
の帝国劇場で観た『回転木馬』だった。金沢ではず
っとバレエを習っていて、歌うことも大好きだったから、
歌と踊りを合わせたミュージカルとの出会いは衝撃的
だった。欲張りなおてんば娘にとって、こんなに嬉し
い発見はない。

　その後、ミュージカルの本場がアメリカのニューヨー
クにあると知り、年に一度のブロードウェイの祭典「ト
ニー賞授賞式」をテレビで見た。会場のラジオシティ
ィ・ミュージックホールは、約6000席もある巨大劇場。

司会者のコメディアンが高速で話す英語をまったく理解できず、日本語の字幕を必死で追った。司会者のジョークで会場がドッと沸いていたが、日本のユーモアと違いすぎて、何がおもしろいのかまったく理解できなかった。

それでも、このときの大きな舞台で披露された『ライオンキング』のパフォーマンスを観た私は、大変に感動してしまった。

「わあ、こんな素敵な世界があるんだぁ。どうやったらあの舞台に立てるんだろう?」

これこそが、私が夢に向かって歩み始めた瞬間だ。

インターネットもEメールもまだ使われ始めたばかり、留学に関する情報も乏しい環境で、その後どうやって海外に行くチャンスを見出し、どんな人をお手本にして(ときにはお手本のない道も切り拓きながら)私がアメリカの大学に進んでいったのか……。

世界はどんどん変わっていきます。あなたも、あなたらしく、まずは小さな変化から始めてみましょう。

さあ、準備はいいですか?

Let's begin!

憧れには、一人で飛び込んでみる

　あなたは今、どんなことに興味がありますか？　どんなことでもいいです。何かワクワクを感じるものはありますか？

「興味はあるけれど、専門分野が違うから将来は役に立たないと思う」「ちょっとハマっているものがあるけれど、仕事にはつながらないと思う」

　もしそう思っているなら、すぐに切り捨てたりせずに、そのワクワクをしっかりと心の手帳に書き留めておいてください。なぜなら、そのワクワクこそが、どの教科書にも載っていない、あなただけの人生を開拓する道しるべになるからです。

　ワクワクというのは、あなたの心が囁いている瞬間です。私のブロードウェイへの夢も、そんな囁きから始まりました。

「南さんは最初から目標がはっきりしていた」と言われることがあるのですが、全然そんなことはありません。私も最初は「よくわからないけどワクワクする」という、まったく焦点の合っていない、ぼんやりとした夢から始まりました。

　高校を卒業してアメリカに渡った後も、その漠然とした夢のフォーカスを徐々に絞っていく作業が続きました。そして今も、（ピント合わせの精度はだいぶ上がりましたが）心の囁きを意識的に受け取って、微調整を続けています。

　海外への憧れは、小学校4年生のときに行った初めての海外旅行がきっかけでした。当時、地元のカルチャーセンターで

バレエを習っていて、その教室でオーストラリアに行く機会が
ありました。文化交流を目的として、お茶やお花、着付けの教
室と並んで、バレエ教室の子どもたちも、日本の童謡に合わせ
てバレエを披露させてもらえたのです。

　私の両親は共働きで仕事を抜けられず同伴できなかったので
すが、バレエ教室の恩師であるヨウコ先生がその代わりに私の
保護者になってくださいました。

　シドニーのオペラハウスの舞台で踊るという、まさに一生に
一度の貴重な機会でしたが、何よりも、初めて出会った「広
い外の世界」に、私はワクワクを感じたのです。

　オーストラリアからの帰りには、インドネシアのバリ島を経由
し、そこでの夕食の際に、民族衣装を着た地元のダンサーた
ちが伝統舞踊を披露してくれました。私はその日、お気に入り
の水色の花柄ワンピースに、バリらしく生花を耳の後ろにかけ
ていて、ダンサーに誘われて立ち上がり、見よう見真似でぎこ
ちなく一緒に踊り出しました。そんな少し恥ずかしそうに照れ
ている私に、言葉は通じなくても優しく微笑みながらガイドしてく
れるインドネシアのダンサー。不思議と通じ合えたのが嬉しく
て、外の世界との触れ合いに魅了されていったのでした。

　オーストラリアでもインドネシアでも、「日本語じゃない言葉
を話して、日本とは違うものを食べて、こんなにも楽しそうに生
きている人たちがいるんだ！」と、自分とはまったく違う生き方
を間近で目撃した初めての体験でした。

　まさに井の中の蛙、それまでの自分が「日本という、1つの

国の1つの文化の1つの枠の中で生きている」ということを身をもって学び、「じゃあ、そのほかの生き方ってなんなんだろう？」と、漠然と海外に興味が湧いていったのです。

　もともと学校でも「出る杭」の傾向が強く、息苦しさを感じていた私にとっては、何か希望のようなものを感じたことを覚えています。私が日本で感じていた「まわりと同じになれない。というか、なりたくない」という悩みは、広い世界から見てみると、悩む必要性すらないことでした。

　それ以来、海外への好奇心は膨らむばかりでした。小学校6年生のとき大ヒットしていた、マライア・キャリーの『恋人たちのクリスマス』。細長いシングルCDのジャケットの裏に英語の歌詞が綴られていましたが、英語が読めなかった私は、少しずつ再生しては一時停止して、聞き取った音をカタカナで書き起こしていました。そして音楽の授業で、歌詞の意味なんてほとんど理解していないそのラブソングを熱唱したのでした。

　あなたも、もし少しでもでもワクワクするものがあるのならば、そこに一人で飛び込んでみてください。誰かと足並みを揃える必要はありません。あなたの正解は、あなただけのものですから。

　そして、よく忘れられがちなことですが、そのワクワクは、すべてが仕事に直結していなくてもいいのです。私たちの人生は、仕事のみで定義されるものでしょうか？　私は、自分の肩書から「ブロードウェイ俳優」を取り除いても、楽しい人生を送り続けたいと思っています。もしも肩書のプレッシャーがなくなったとしたら、あなたはどう感じて、どんな生き方を選んでいくのでしょう？　もしかしたら、人生の選択肢が何倍にも何十倍にも広がるのではないでしょうか。

あなたの人生が隅々まで豊かなものになるためのヒントは、まずはあなたの心の囁きにあります。ぜひ今日からあなただけのワクワクを大切に拾い集めていってください。

Let's Show Up.
ワクワクを汲み取る練習をしていきましょう。

「今ない」より「今ある」を盛大に祝う

「モチベーションを持続させるコツはなんですか?」「英語の勉強を続けるコツはなんですか?」といった質問をよく受けるのですが、どちらにも似たお答えをしています。

それは、「今日できたことを盛大に祝う」です。

「できた!」という確証を増やしていくこと。例えば、英語でいうと「新しい単語を覚えたら、昨日よりも1単語多く覚えた自分を褒めてあげる」、これが英語が上達する鍵です。

大事な試験に合格するとか、何か大きなことを達成するまでお祝いをお預けにするのではなく、どんな小さなことでもプラスになったことを見つけて、Victory(勝利)として祝ってあげるのです。

もしも私が自分に対して「だからお前はいつまでたっても出来の悪いクズなんだ!」とけなすような言葉で厳しく律する道を選び、その方法でブロードウェイを目指していたとしたら、きっと5年も持たずにほかの道を探していたと思います。

大きな目標達成の「いつか」を待つ代わりに、その道のりの中で起きる一瞬一瞬の小さな「できた！」、つまり成長を祝うことこそが、モチベーション持続のコツです。心身ともに健やかに過ごすことができますし、何より毎日が楽しくなります。結局、トータルな効率も抜群によいのです。

　苦しい非生産性と楽しい生産性、どちらを選んだ方がいいかは、言うまでもないですよね。

　私自身の英語習得のプロセスで、モチベーションの原点となり、今でも私を支えてくれている小さな勝利があります。

　それは、12歳のときに初めて行ったニューヨークでのことでした。オーストラリアに行ったときと同じで、今度はカーネギーホールで文化交流を目的として踊りを披露する機会を与えていただいたのです。その際、初めてニューヨークで観たブロードウェイ作品が『美女と野獣』でした。ストーリーについていけるように、日本語版のアニメ映画を観て予習をしていきました。

　本場ブロードウェイ作品の英語をどれくらい聞き取って理解できるのか。海外に興味を持ち始め、少しずつ英語を学び始めていた頃だったので、期待に胸を膨らませていました。

　しかし、いざ舞台が始まってみるとどうでしょう。難しい単語とネイティブの話す猛烈なスピードにまったくついていけません。どれだけ耳を澄ましても、さっぱり聞き取れないのです。完敗だ……と意気消沈しかけたその瞬間、ある単語が耳に入ってきたのです。

「……pictures」
「あーーー!!!　今『ピクチャー』って言ったー！」

　聞き取れた単語があったことがあまりに嬉しくて、一気に舞い上がりました。もちろん生オーケストラも素晴らしかったのですが、"pictures"を聞き取れた喜びで、私の中ではその音以上に高らかなファンファーレが鳴り響き、拍手喝采、紙吹雪の嵐が巻き起こりました。

　しかし、結局、3時間の公演で理解できたのはこの"pictures"だけでした。

　たった1単語だけだったとしても、このオンリーワンこそが、私にとってその後の英語学習の起爆剤となりました。そして、あの「やったー！　できたー！」という体験は、今でも（英語学習以外のあらゆる場面でも）私が落ち込んだとき、繰り返し立ち戻る原点であり、モチベーション持続の鍵です。

「なんておめでたい」と思われる方もいるでしょう。なんといっても、3時間の舞台で語られる何千という英単語の中から、理解できた単語はたった1語だったのですから。「やっぱり私なんて全然ダメじゃん」と、自分ができない理由をより信じ込むことだって容易にできたことでしょう。

　しかし、一般的には幸せな勘違いだと思われても、それでもただただひたすら呆れられるほど「できた！」を大切にしたからこそ、不可能な夢と思われたブロードウェイの夢も叶ったのではないかと感じています。

　この「できた！」に焦点を当てることは、可能性に焦点を当てることです。私は次第に「できなかった」ことを嘆くために時間を割くことをやめるようになりました。それは、時間の無

駄、エナジーの無駄と判断したからです。

　あなたは何を選びますか？
　ネガティブに、できなかったことを悔いて自分をコテンパンに打ちのめすのも、もちろん選択肢の1つです。でも、それは義務ではありませんし、必然でもありません。あくまでYour Choice（あなたの選択）なのです。

　私は、できるものならば100％祝い続けたい。
　あなたにも選択肢があります。

　あなたが今日一日を振り返ってみて、「できた！」と感じたことはなんですか？　きっと何かあるはずです。あなたの勝利を、ぜひしっかりお祝いしてあげてくださいね。

「普通」「同一」「平均」を選ばない

　突然ですが、あなたには好きな色はありますか？

　私は青空が大好きなので青が好きなのですが、小さいときに「女の子だから」という理由で、ピンクや赤を強制させられるのが大嫌いでした。兄からのお下がりの青いシャツが一番しっくりきていました。
　女の子らしいことをさせられるのが息苦しく、七五三や親戚の結婚式で着物を着て髪飾りをつけられて口紅を塗られようも

のならば、拷問以外の何ものでもありませんでした。なので、せっかくの記念写真はすべて不貞腐れて不機嫌な表情のものしか残っていません。そんな人間が人前で化粧バッチリで豪華なドレスを着せてもらう職業を目指すことになるとは……なんとも皮肉ですよね（笑）。でも、決めつけられることや枠にはめられることに対する抵抗感は、今も変わりません。

　小学校入学を前にランドセルで赤を選ばされかけたことも、大変な事件でした。今となってはランドセルも随分カラフルになってきたようですが、私たちの世代はあくまで女の子は赤、男の子は黒が基本で、ようやくほかの選択肢がちらほら見られるようになってきた頃でした。
　女＝赤と決めつけられることがあまりに耐えられなかったので、結局茶色のランドセルを買ってもらったのですが、それがなぜか壊れやすく、修理のたびに支給される仮のランドセルは、赤と黒の二択でした。ここでも、迷わず黒を選びます。茶色のランドセルは、ある日とうとう修理がきかなくなってしまうのですが、次に選んだ色も、赤ではなくワインレッドでした。
　今考えると生意気だったなと思いますが、当時の私にとっては死活問題でした。嫌なものは嫌、なぜ自動的に女＝赤なんだ！という、ステレオタイプ（既成概念）に対する懐疑心と反抗心が相当あったようです。

　ステレオタイプは、個々の特徴や状況を無視して単純化された認識です。文化や社会によって異なりますが、偏見や差別の原因となることもあります。
　新型コロナウイルスの感染拡大後のニューヨークでは、ジェ

ンダーのステレオタイプの壁を崩そうという動きが強まりました。小学校や中学校でも「出生時に割り当てられた性」と「自認する性」が違うと感じる子どもたちが、自分の名前を変えたり、代名詞としてHe（彼）やShe（彼女）の代わりに、ノンバイナリーのために"They"を新たに指定したり、ということが多く見られるようになりました。ここで示されるノンバイナリーとは、自分が男性か女性のどちらでもないという性自認を持つ人々のことで、性別を男女のどちらかに分類する男女二元論的な考えは、ニューヨークでは今やナンセンスとみなされつつあります。

　ブロードウェイでも、新しい流れが生まれています。以前は、男性／女性に分かれて行われていたオーディションで、ノンバイナリーを除外しないよう新しい指定方法が導入されました。審査会場でも、出席者名簿の名前を書く横に呼称代名詞（He/She/They）を記入することが当たり前になっています。ブロードウェイの作品では、現代社会のデモグラフィック（人種、ジェンダー、年齢など、個人の社会的な属性）を反映したキャストを選出するのはとても重要で、ノンバイナリーの俳優がブロードウェイで活躍する場も増えてきました。

　だいぶ話が膨らみましたが、ジェンダーの話に限らず、あなたが人生で体験することすべてにおいて、もしも「なんか変な感じがする」と違和感があったら、それをしっかりキャッチしてあげてください。それがあなたのVoice（声）であり、その声を尊重することは、あなたが輝くためには必要不可欠だからです。
　Voiceはあなたの個性であり、あなたらしい人生を開拓する

ためのヒントです。それがネガティブな感覚だったとしても、無理に押し殺す必要はありません。そこには、ポジティブな感覚を得るのと同じくらい貴重なヒントが秘められています。特に生理的な拒絶反応は、心の声が体を通して叫んでいる証拠です。あなたが「したくないこと」を知ることは、あなたが本当に「したいこと」を教えてくれる判断材料にもなるのです。

　あなたが今受け入れているものは、本当にあなたが心からいいと思っているものでしょうか？　ひょっとして、実はなんとなくまわりを気にして、自分のキャラを守るために選んでいるものだったりしませんか？　どこかであなたの本当の声を無視していないか、ぜひこの機会に耳を傾けてみてください。
　世の中がどれだけ長いこと「これはこうだから」と決めつけてきたステレオタイプでも、それが変わる日がやってくることがあります。社会が信じ込んでいるステレオタイプに縛られず、あなたが「おかしいな」と思う感覚を、ぜひ大切にしてください。これはあなたの正直な心の声であり、あなたらしさが開花する種も、そこに潜んでいるかもしれないのですから。

敷かれたレールを外れる代償を知る

　あなたには、新しいことにチャレンジするときに「何から始めていいのかわからない……」となった経験はありませんか？
　例えば、趣味、転職、移住……みんながみんな必ずしもやっているとは限らないこと。ちょっとMinor（少数派）なこと。

私は、中学生のときに初めてそんな壁に直面しました。海外に興味を持ち始め、反抗期真っ盛りで、もう外に出たくてウズウズしていた頃、海外脱出を企て始めたのです。といっても、インターネットすらまだそれほど普及していない時代でしたので、書店と市立図書館に足繁く通い、分厚い留学関連本を調べることで、海外への脱出方法を探り始めました。

「高校から海外に留学できる一番ラクそうな方法は？」と調べて出てくる高校はどれも私立で、学費は高く、そして海外といっても結局は日本人ばかりの学校が多かったのです。
　中学校の進路指導でも、当時通っていた塾でも、県内の高校を目指すなら手厚いマニュアルが用意されていました。「この時期にこの模試を受けて、偏差値〇〇を目指す」と、まるで入試までのレールが敷かれているようでした。
　しかし、金沢の中学生が高校で留学しようとするとどうでしょう？　見渡す限り360度、まっさらな荒野に立ち尽くす感覚でした。どこにもたどるべき道が見当たらず、「だいたいこっちの方向」という道しるべすらありません。過去にこのチャレンジを試みたパイオニアの足跡も見つかりませんでした。

　それまでは、なんとなく「これやりたいな〜」とぽろっとこぼせば、大人がそのヒントを拾って面倒を見てくれるだろうという完全になめた姿勢だったので、甘い気持ちで「留学したいな〜」と言っていれば、どこからか救いの手が差し伸べられ、なんらかの道筋が示されるだろうと侮っていました。
　中学校で、アメリカ出身のALT（英語のネイティブスピーカーの

先生）に相談してみたところ、どうやら国際交流センターとやらがあると聞き、そこに行ってみることにしました。資料はもらえたのですが、それだけでした。そのときも、「え？　あとはやってくれないの？」と、まだ甘えきった姿勢でした。

　県内の高校受験に向けては一挙一動、計画的なプランを組んでもらえるのに、圧倒的少数派の海外留学となると、どれだけ「留学したーい！」とアピールしても、完全にやまびこ状態でした。敷かれたレールから外れたがる人は、誰も率先して助けてはくれない、という現実に直面したのです。

「自分が動かないと何も動かない」これを本気で思い知らされた瞬間でした。

　塾の先生に相談しても、「まぁ、ゆうすいぃ、とりあえずぅ、県立受けとけやぁ」（訳：ま、由水、とりあえず県立高校を受験しておきなさい）と言われるだけで、反抗期の絶頂だった当時の私にとっては、自分の人生を「とりあえず」で片づけられるのが悔しくて、内心「は？　とりあえず?!　私の人生を『とりあえず』で片づけるな!!!」と憤慨していたのですが、結局、高校での留学は断念することになりました。

　その後、県立高校に入学し、あれだけ抵抗していたにもかかわらず、大好きなクラスメイトや恩師のおかげで最高に楽しい３年間を過ごすことになりました。しかし、海外への憧れ自体は薄れず、留学までの険しい道のりを恐れながらも「次こそは」と、今度はアメリカの大学への進学を目指すのでした。

　大多数と違うことをするとき、つまり「敷かれたレールを外れる代償」は、「めんどくささ」です。敷かれたレール上にあ

る用意された未来の乗客になることを拒み、あなた自身がパイオニアにならなければいけないからです。

　しかし、パイオニアになることを選ぶと、その分ご褒美もGolden（宝の山）です。体育でいうと「レール派」がただひたすらまっすぐ走るのに対して、「パイオニア派」は障害物競走のようなもの。数々のめんどくさいことが立ちはだかりますが、工夫しながらあらゆる壁を乗り越えていくことで、Resourcefulになる（機略に優れる）ことができます。つまりは、臨機応変なやりくり上手になれるのです。同時に、ちょっとやそっとではへこたれない粘り強さも身につけられます。

　何より、パイオニア派を選ぶと、ほかの荒野を開拓してきたパイオニアたちに出会うことができます。

　もしも今あなたがトライしてみたいと思っていることがあるならば、もしそれが少数派だったとしても、気にしなくて大丈夫です。あなたがあなたらしく輝くためには、人生をカスタマイズする必要があるからです。カスタマイズするということは、パイオニアになるということです。この世に同じ人間がいないように、私たちが歩む人生も、本来は一人ひとり違うのですから。私たち一人ひとりがパイオニアなのです。

　自分らしく輝くために、さあ、開拓していきましょう。
　Let's keep exploring!

モチベーションとなる"BIG WHY"を知る

「やらなきゃいけないのはわかっているけど、やる気が起きない」と感じることは、誰にでもあるものです。

もちろん私にもそういうときがありますが、なかなか動きだせないときに、ぜひおすすめの方法があります。

それは、あなたの"BIG WHY"（ビッグ・ワイ＝大きな理由）を知ることです。

そもそも、なぜあなたが目の前にあるタスクをこなすべきなのか、その「大元の、大元の、大元になる理由」です。例えば、あなたが「毎日英単語を勉強するなんてめんどくさい」と、なかなか続かないことに悩んでいるとします。このとき、なぜ英語を勉強するのか、「テストで点数を取る」という目の前の理由より、もっともっと先にイメージを広げてみます。

もし英語ができたら……大好きなハリウッド映画、海外ドラマを字幕なしで理解できる。そして、きっと今よりさらに楽しめる。ブラッド・ピットが言っていることを直接理解できる。世界中の人と楽しく会話して友達になれる。

どうでしょう？　少しワクワクしてきませんか？

目の前のめんどくさいことを乗り越えて、その先のさらに先で、今よりも100倍楽しんでいる自分を想像できると、それがあなたのモチベーションになります。これがBIG WHYです。あなたがいつでも立ち戻ることのできる、ワクワクを感じられる場

所です。

　高校時代の私にとっては、「海外で世界中の人たちと楽しくコミュニケーションを取っている未来」が BIG WHY でした。テストのためでは気持ちが乗らないけれど、海外で楽しんでいる未来の自分のためなら「英語の勉強をがんばろう！　1つでも新しい単語を覚えよう！」と、地味なタスクでも比較的苦痛を抑えながら取り組むことができました。この BIG WHY は、これから本書を通して何度も登場しますが、私自身も何度も振り返りアップデートを続けています。

　海外留学のために準備しなければいけないことはたくさんありましたが、そんな BIG WHY を胸に「めんどくささ」を受け入れて留学の道を探っていた頃、新たな壁が立ち塞がりました。

　アメリカの大学に入学するために英語を第二言語とする志願者が必ず受ける TOEFL というテストがありますが、その受験方法に新しいデジタルのシステムが導入されたのです。当時、石川県で唯一 TOEFL を受験できた会場では、廃止が決定された古いシステムしか提供されておらず、受験するためには、最も近くても大阪まで行かないといけないことが判明したのです。

　ただでさえ費用がかさむ留学、さてどうしたものかと思案していたある日、高校で「英語スピーチコンテスト出場者募集」の張り紙を見つけます。優勝賞金は、なんと「旅行券30万円」！　やる気にガッと火がついた瞬間でした。

　「なんて現金な」と言われても仕方ありません。でも、これがまったくの不純なモチベーションだったかというと、私はそうで

はなかったと思います。

　なぜなら、私には「留学して世界に羽ばたく！」というBIG WHYがあったからです。前のエピソードで、壁に直面してもなんとか突破する方法を見つけることを"Resourceful"と紹介しました。"Resource"とは「資源」、"ful"とは「たくさんある」ということです。それは、打開する方法があると信じ、可能性に焦点を当て、今ある資源を目一杯活用して解決方法を生み出していく姿勢のことです。

　留学を目指す限り、英語力が上がれば上がるほどいいことなのは明白です。そして、スピーチコンテストに出場することで英語力が伸びることも、すでによく理解していました。中学生のときに出場したコンテストでは、暗唱した5分間だけは英語がペラペラしゃべれるフリができることが嬉しくて、すでにその味をしめていたのです。もし優勝すれば、英語力が伸びることに加えて、TOEFLを受けに行くサンダーバード代（電車賃）がカバーできる！　これはもう気合が入らないわけがありません。結果的に本当に優勝し、TOEFLを受けに行く大阪までの旅費をゲットすることができたのです。

　BIG WHYは、パワフルな原動力になります。
　たとえ絶望的に「無理だ」と感じる状況でも、そこから抜け出すための活力を与えてくれます。どんなに不利に感じる状況でも、逆境に陥っても、あなたがShow Upすれば、工夫次第で必ず解決の糸口は見つかるはずです。

　スピーチコンテストでの優勝は、Show Upし続けたからこそ

起きたミラクルでした。もしも「TOEFLを地元で受けられない
し、大阪に行くのにはお金がかかるし、やっぱり私に留学は無
理なのかな」と諦めていれば、私の夢もそこで終わっていたか
もしれません。

　Can I do it or not?
　私にできるのかな？　できないのかな？

　この質問の代わりに、ぜひこう問いかけてください。

　If it's possible, how can I do it?
　もし「できる」が前提だったら、どうやって実現するかな？

　想像力をフル稼働させながらチャンスを探し、可能性に焦点
を当て、Show Upし続けていると、意外なところで解決方法
を見つけることができます。

　If you Show Up, the answers will Show Up for you.
　あなたがShow Upすれば、答えもあなたのためにShow Up
してくれます。
　あなたもぜひ、やりくり上手になりませんか？

　Life is full of possibilities.
　人生は可能性に溢れています。

カムバックする練習のすすめ

チャレンジすることに躊躇する多くの人に共通する、失敗に対する恐怖感。きっとあなたも身に覚えがあるのではないでしょうか。もちろん、私にもあります。

高校時代、海外に行けるなら何にでもトライしたいと思っていましたが、やっぱり「落ちたらカッコ悪いな」というプライドが邪魔をして、躊躇することも多々ありました。それまでは合格（Yes）か不合格（No）かというような、ハッキリと結果が出る経験は少なかったので、1つのNoのダメージは相当大きいものでした。「この結果が私の価値を決める」とまで思い込んで、Yes／Noそのものに決定的な意義を持たせてしまっていました。のちに「合格する回数を上げたかったら、チャレンジする回数を増やせばいい」というコンセプトを知ることになるのですが、この頃はまだ1回1回のチャレンジが重要すぎて、不合格のたびにかなり落ち込んでいました。

当時の日記を見返すと、「ゆーすい落とすなんて見る目ないね！」という同級生の優しい言葉に励ましてもらいながら、なんとかさまざまな奨学金プログラムに応募していました。

応募を続ける中で、次第にあることに気づき始めます。それは、落ちることが必ずしも悪いことではない、ということです。なぜかというと、奨学金を提供するプログラム側が、志願者の留学したい理由をとことん問い詰めてくれたからです。

Application（志願書）では、私がなぜ海外で学びたいのか、

これでもか！と試すように、ありとあらゆるアングルから留学の志望動機をつつかれたのです。例えば、「この留学が終わった後に日本に帰国したいと思いますか？」「もしアメリカに残るとしたら、その後何をしたいですか？」……どれも、それまで考えたことのないような質問ばかり。「え、そんな先まで想像しなきゃいけないの？」とめんどくさがりながらも、回答するたびに私のBIG WHYも明確になっていったのです。

　留学すること自体がBIG WHYだと思っていたのに、「じゃあ、その留学したい理由は何？」と問われた瞬間、私の中でそれまで大きいと思っていたBIG WHYの小ささが暴かれてしまったのです。しかし、同時にその小さなBIG WHYを広げるきっかけも与えてもらえました。

「私はなぜ留学したいんだろう？」「留学した先には何があるんだろう？」

　留学というBIG WHYが留学した途端に消えてしまわないように、さらに先を見据え、これからの私を長期で支えてくれるBIG WHYへと膨らますチャンスになりました。

「ブロードウェイ俳優が職業になるかなんてわからないけれど、いつかはアメリカで学んだことを母国に還元して、日本と海外との架け橋みたいな人になれたらいいなぁ」

　ぼんやりとですが、そんなイメージが湧いてきたのでした。

　留学奨学金プログラムは、たくさん受けてたくさん落ちましたが、Show Upしてよかったと心から言えます。自分の中のBIG WHYをさらに大きくするチャンスに加えて、不合格から立ち上がるたびに、もっと上手にカムバックする方法や、そのためのスタミナを手に入れることができたからです。これを英語で

はResilience（回復力、耐性、弾力、復元力）といいます。これが高い人は「カムバック名人」です。

　人生には、飛び込んでみないとわからないことがたくさんあります。どれだけ知的な人がバレエの教科書を網羅して、すべての理論を熟知したところで、その人が踊れるようになるかというと、それはまったく別の話です。実際に自分の足で立ち、バーにつかまりながらぐらぐらでもバランスを取り、筋肉痛を体験して、ストレッチで少しずつ体を伸ばしていく……実際に体験していく中でしかわからないことばかりなのです。

　だからこそ、チャレンジするためには、全身全霊で飛び込む練習が不可欠です。頭でどれだけ綿密に計画を立てても、それはあくまでも仮説でしかありません。

　もし"No"と言われても、チャレンジした後には必ずGIFT（学び）があるということを信じられるようになると、そこまでビクビク怯えなくてもいいんだ、もっと飛び込んでいいんだ、と思えるようになります。

You can do it! Let's keep Showing Up!

自分が目指すべきロールモデルを見つける

　Role Model（ロールモデル）という言葉を聞いたことがあるでしょうか。Role（役）＋Model（模範）、つまり「お手本」という意味です。

歴史的な人物、新聞記事で知った人、テレビで見た人、もしくはもっと身近なところで、学校の先生、家族のメンバーなど、あなたはどんな人をお手本にしていますか？

　ロールモデルとは、あなたの目指す未来にすでに到達している人、もしくは現在その方向に進んでいて、あなたの数歩前を歩んでいる人です。私は、自分の３歩くらい前、あるいは100歩くらい前を歩んでいるロールモデルの方々にインスパイアされて、今も導いてもらっています。

　高校生活が始まった頃、一度は断念したものの、留学への憧れはますます膨らんでいました。海外に行けるチャンスはないものかと、学校の掲示板に目を光らせる日々でした。
　高校１年生の終わり頃に、ある夏休み渡米プログラムの募集が掲示板にポツンと貼られていました。プログラム開催日程の半年以上前、かなり早めに募集がかかっていました。
　およそポスターとはいえないような、写真の一切ない文字だけの募集要項。読んでみると、なんと参加費ゼロ！　１カ月分のアメリカ滞在費用を全額カバーしてもらえる、という夢のようなプログラムだということがわかったのです。掲示板をマメにチェックしていた甲斐がありました（Show Upし続けると、こんなチャンスもキャッチしやすいのです）。
　どうやらほかの有料プログラムと違い、選考プロセスが長いということで募集開始の時期が早かったようです。「絶好のチャンス！」と、大興奮で職員室に向かいました。

　「先生、このプログラムに応募したいと思っているんですけど、

ここに『校内選考』って書いてあって……ほかに誰か希望者います か?」

「へぇ。おらんがんじゃない。応募しまっし」(訳:へぇ、いないでしょ。応募していいよ)

　あっという間にライバルゼロで校内選考をパスし、選ばれていない学校代表として応募したのでした。その後、県内選考を通ると、なんと最終選考が行われる東京までの旅費も出してくれるという驚くべき待遇でした。当時は「タダで東京に行けるだけでも応募した甲斐があったな」と思ったものでした。そして、ラッキーにも最終選考にも合格し、高校2年生の夏をアメリカで1カ月過ごすことになります。この経験が、私の人生のターニングポイントとなるのでした。

　その夏、私は数々のロールモデルとなる人たちに出会います。まずは、全国から集まった同世代の仲間との衝撃の出会いがありました。例えば……

「はじめまして。由水さん、石川県出身だよね?　ぼくは飛行機のシミュレーションゲームが大好きで、将来パイロットになりたいんですが、そのゲームの中でだったら、地元から石川の小松空港まで目を閉じてでも行けるんですよ」

　初対面でそんな挨拶をする人にはそれまで(そして、それ以降も)出会ったことがありませんでした。プログラムで訪れたペンタゴン(米国国防総省本庁舎)で、その彼は、参加者の誰よりも興奮を抑えきれない様子でした。

「同世代で同じ日本人でも、こんなにも違うんだ」

　方言やユーモアも違えば関心事も違う。全国の各都道府県

から個性的なキャラが大集合していて、このプログラムで出会った仲間たちは、その後一生の友人となりました。

　プログラム前半の２週間はワシントンＤ.Ｃ.やニューヨークなど東海岸の名所を巡り、後半の２週間はニュージャージー州のプリンストン大学で同世代のアメリカ人生徒とペアになり、寮生活をともにしました。まだスマートフォンもない時代だったので、日本から持参した小型の（といっても結構かさばる）簡易辞書を命綱のように持ち歩いていました。

　そして、そこでカルチャーショックの洗礼を受けるのです。

　例えば、アメリカ人の生徒たちは、土足で歩いていた絨毯の上にゴロンと寝転んで、先生の話を聞き始めたのです。それ以外にも、日本だったら先生や親に真っ先に怒られそうなことを、飄々とやってのけるのです。「私の常識は彼らの常識とはまったく違うんだ」と身をもって感じた瞬間でした。

　地元の高校では「出る杭」と感じていた自分が、それでも結構真面目で従順な生徒だったんじゃないかと、自分の住んでいる世界の狭さを改めて実感したのでした。

　これまでの当たり前や常識が次々と打ち砕かれる日々に圧倒されながらも、「こういう自由な空気の環境で学びたい」という気持ちが固まっていきました。

　プログラムの参加者の中には、受験勉強と重なる高校３年生の夏に参加している仲間も多く、そのまま海外に出る子が何人もいました。しかも、留学代理店に高額の手数料を払うこともなく、自分で調べて、自分で動いて、進学していったのです。

　それまでの私は「英語もまだ拙いし、手続きの書類とか複雑

で難しそう……」と、留学するためには留学代理店を通さないと絶対無理だろうと思い込んでいました。でも、このときの仲間たちの姿を見て、「ひょっとしたら私も代理店を通さずに志願できるのかな?」という選択肢が浮かんだのです。

　自分の3歩前を行く仲間たちの姿に影響を受け、彼らをロールモデルにして、私は石川県からアメリカの大学への直接志願を試みることにしたのです。

　もし今あなたがチャレンジしたいと思っていることがあるならば、すでに達成している人だけでなく、少しでもあなたの行きたい方向に進み始めている人がいないか、見渡してみてください。インターネットのおかげで検索も随分簡単にできるようになりました。今のあなたをインスパイアするロールモデルとの出会いを、ぜひ楽しんでください。

　すべての条件が自分と揃っている必要はありません。私のアメリカ留学のロールモデルとなった友人は、演劇とはまったく別の分野の勉強をするためにアメリカに渡りました。結局、私にとってのブロードウェイ俳優のロールモデルは、渡米するまで見つかりませんでした。「ブロードウェイの舞台に立つ日本人なんていないだろう」とあまり期待していなかったこともありますが、「ブロードウェイに立つアジア人」と検索範囲を広げることで、ロールモデルと出会うことができました。

　あなたがワクワクする方向へすでに歩み始めている人とは、一体どんな人でしょう?

　その人がどんなふうにShow Upしているのかをお手本にして、ぜひあなたも今日からShow Upしてみてくださいね。

大きな変化のタイミングでこそ、
大きくチャレンジする

　想像してみてください。もしも、あなたがずっと憧れていて、これから移住しようと思っている街が、ある日突然「世界で最も危険な街」になってしまったら……。

　それは、私にとって大学受験の年、高校3年生の秋でした。アメリカの大学を受験することを決め、志望校をニューヨーク近辺の大学に絞り、出願の準備を進めていた頃です。ターニングポイントとなった高校2年生の熱い夏以来、私は海外に出た仲間たちの背中を追いかけるようにして、留学を目指して一直線！でした。日本の大学を受験する気は一切なく、センター試験の締め切りが迫っていましたが、私には関係のない話だと思っていました。

　ある朝の登校前、テレビのニュースで、憧れの街・ニューヨークの様子が流れていました。私が来年から移り住む街。しかし、何か異常な様子でした。世界貿易センタービルに飛行機が突っ込み、ビルから黒い煙が出ていたのです。

　2001年9月11日、アメリカ同時多発テロ事件（9.11）。世界を震撼させる出来事でした。

　「あれ……私はあの街に来年から行こうとしているんだよね……」と思いながら学校に登校してみると、案の定、担任の

先生から職員室進路課への呼び出しがかかったのです。

「アメリカの大学に行きたい気持ちはわかるけど……念のためセンター試験は申し込んでおいた方がいいんじゃない?」とすすめられ、渋々センター試験に申し込んだのでした。しかし、放課後に同級生が赤本(大学入試過去問題集)で勉強している横で、私はアメリカンサイズのやたら大きくて分厚いTOEFLやSAT(アメリカ版センター試験のようなテスト)の問題集に取り組んでいました。

センター試験の当日は、自分も受験生のくせに、会場入り口で「きっと勝つ!」の語呂合わせで受験生のラッキーアイテムとされるお菓子のキットカットを配って回り、応援団役に徹しました。私の中ではアメリカの大学に行くという気持ちがもうすでに固まっていたので、それ以外のオプションに対して真剣になれなかったのです。

結局、ずっと公立の学校に通ってクラスメイトも公立大学を目指しているんだから、という理由でアメリカの州立大学に志願し、2つの大学から合格通知を受け取ったのでした。

しかし、卒業が近づいてもどちらの大学にするかなかなか決められずにいました。「ホームページを見てもよくわからないし、それで大事な進学先を決めていいものなのか……」そう思ったとき、クラスメイトのクロちゃんの一言にハッとしたのです。

「ゆーすい、大学、実際に行って見てこれば? アメリカの学校は9月まで始まらないんでしょ?」
「?????」

高校卒業後、9月の入学前に夏学期の英語クラスは受けるつもりでいたのですが、自分の中で渡米は早くても6月と考え

ていました。でも、「学校選びのために実際にアメリカに行く」
ことはまったく検討していなかったのです。
　「確かにそうだね……ちょっと調べてみる」
　当時の私のどこまでも怪しい英語読解力でホームページを読
んでみると、どうやら入学見込みのある生徒が大学のキャン
パスを訪れる場合、結構寛大な受け入れ態勢が整っているらし
い、ということがわかったのです。しかも、学校にたどり着けさ
えすれば、在校生の寮に泊めてもらえて食券も供給される、つ
まり食費も滞在費もかからないことが判明したのです！

　渡航費はどうだろう？と調べてみると、成田・ニューヨーク
間の直行往復チケットが、消費税と燃油サーチャージ込みで、
な、なんと……34,000円なり。
　「え？？？　破格……あ、そっか、テロの直後にニューヨーク
に行きたい人はそんなにいないか……」
　当時のニューヨークは観光客が最も避けたい街になっていた
のです。
　そういうわけで、高校卒業直後の4月、18歳のときに人生初
の一人旅で、ニューヨークへと飛び立ったのです。

　この10日間のニューヨーク一人旅では、実際に飛び込んだ
からこそわかったことが数えきれないほどありました。大学選び
も、実際に行ってみると答えは明らかでした。
　知らないこと、準備しきれないこともたくさんありましたが、
思いきって飛び込んでみてよかった！と、ナイスアイデアをくれ
たクロちゃんに感謝の気持ちでいっぱいです。完璧にすべてが
揃うのを待っていたら、きっといつまでもホームページとにらめ

っこして、大学が決められないままクヨクヨと悩んでいたことでしょう。

　たった10日間の大学見学の旅でも大いに成長することができ、この経験がその2カ月後に正式渡米するための自信にもつながりました。

「大きな変化のタイミングで大きくチャレンジする」とは、つまりはアクションを起こすということです。

　あなたが石橋を叩きすぎて壊すことがないように、チャンスをしっかりつかんでいくためには、ときには頭で計算して準備が整うまで待ってはいけないこともある、ということです。

　もしも今あなたが「私はまだこの準備が充分にできていないから……」と何か踏みとどまっていることがあるのならば、ぜひ実際にアクションを起こしてみてください。それがどんなに小さなアクションでも、行動は行動です。頭の中でこんがらがっていたものが、突然すっとほどけたりするかもしれませんよ。

「Vulnerable」という概念

　さて、Chapter1はいかがでしたか？

　「とにかくアクションを起こそう！」と繰り返してきましたが、「それができないから困っているんだ」という方もいるかもしれませんね。その動けない原因は、もしかしたら「失敗に対する恐怖感」かもしれません。

　では、なぜ私たちは失敗することを恐れるのでしょうか？

　カッコ悪いから、恥ずかしいから、批判されるから、怒られるから……いろいろな意見が聞こえてきそうですね。

　本書のコラムでは、今アメリカ、そして世界中で大変注目されている、「あるコンセプト」について紹介していきます。これから私たちが前向きにチャレンジを続けるために、とても重要な鍵を握っているコンセプトです。

　あなたの「勇気」に対するイメージが変わるかもしれません。そして、今まさに失敗に対する恐怖を感じている方は、このコンセプトが解決の糸口になるかもしれません。

　キーワードは、"Vulnerable"です。

　この単語は、まず発音がなんとも難しいのです。カタカナでは「バルネラブル」のように表記されますが、実際の発音に近い表記をすると「ヴァーナボー」のような感じでしょうか。日本人の私たちが苦手で区別しにくい子音V/B/L/Rがすべて盛り込

まれているという、なかなか手強い単語なのです。日本ですぐ
に流行らないのも無理がないですよね。

　ちなみに、名詞形はさらに長く、"Vulnerability"（バルネラ
ビリティ）となります。発音の難しさに加えて、その定義も結構
難解なのです。

　Vulnerable：もろい、脆弱な、傷つきやすい、無防備な
　Vulnerability：不確実性、リスク、感情をさらすこと

　訳によってもかなり印象が変わります。少し大袈裟に聞こえ
るかもしれませんが、この言葉の意味を理解するのとしないの
とでは人生が大きくと変わるといっていいほど、Vulnerableに
は、あなたにとって新しいヒントが詰まっているはずです。私の
人生も、この言葉との出会いで大きく変わりました。

　このVulnerableという言葉は、演劇の世界ではもともとよく
使われる表現でした。例えば、"vulnerable moment"は、
登場人物の心の奥にある繊細な感情を垣間見る瞬間です。そ
ういう瞬間は、観客の心の琴線にも触れるときです。

　私は、この言葉に2003年の演劇学校で初めて出会いまし
た。それまで自分でも言い表せなかった、心の奥の奥にあるヒ
リヒリした繊細な部分に初めて名前が与えられ、とても救われ
た気持ちになりました。それまで声に出して認めることができな
かった不安な気持ちや恐怖感など、「外に見せてはいけない」
とずっと覆い隠してきたものが、実は人間なら誰しもが持って
いるものだと知り、ほっとしたことを覚えています。

　自分の不完全さを受け入れる許可をもらい、それを教えてく

れた演劇に一気に魅了されていくきっかけにもなりました。

　演劇界ではずっと活躍してきたVulnerableという言葉ですが、2010年に世界的に脚光を浴びることになります。そのきっかけとなったのが、アメリカ・ヒューストン大学ソーシャルワーク大学院研究教授、ブレネー・ブラウン氏によるTED Talks『The Power of Vulnerability』（傷つく心の力）です。

　この動画が世界中で大ヒットし、TED Talksの再生回数で（当時）歴代トップ5を記録するほど、一気にこのコンセプトに注目が集まりました。ブラウン氏は、もともとはShame（恥）の研究をしていましたが、これを機に「Vulnerabilityの専門家」としても知られるようになりました。

　Vulnerabilityは、「脆弱性、もろさ」とも訳されるので「弱い」というイメージを持たれやすいのですが、ブラウン氏は、長年の研究をもとに実はその真逆であると語っています。

　"Vulnerability is not weakness; it's our most accurate measure of courage."
　「Vulnerabilityは、弱さではない。それは最も正確な勇気の物差しである」

　つまり、本当の勇気とは、ありのままの気持ち、正直な生の感情を認められるか、その度合いと比例するのだ、と。

　まだまだ奥が深いVulnerable、この後のコラムもどうぞお楽しみに。

Chapter

2

英語の授業でまったく話せなかった私が、
ニューヨークに行って
演劇を始めるまで

Moving
to America *2002 - 2004*

　リンカーンセンターの広場で、「いつかここの舞台に
立ちたいな」とつぶやいた。この章は、私がアメリカ
に渡ってから、ニューヨークの演劇学校を卒業するま
で、いわば私の青春時代の話。

　高校を卒業し、渡米してからというもの、毎日が手
探りの日々だった。それまでの常識は次々と覆され、
英語にもなかなか慣れなった。そんなとき、あること
がきっかけで入学早々に大学を中退しようという決意
に至る。このときの大学の恩師によって、私の人生は、
ニューヨークで大きな転機を迎えることになるのだっ
た。

　大学を中退して入学したマンハッタンにある演劇学
校には、2つの専攻があった。演技のみのコースと、
私が入ったミュージカルのコース。学科名は、The
Integrated Program（融合科）。ミュージカルは、演技、
歌、踊りの融合なのだ。
　私はここで、演技だけではなく毎日の生活にも応用
可能な新しいコンセプトに出会い、なぜミュージカル
が人々を感動させられるのか、そしてなぜこの国でミ
ュージカルがこれほどまでに愛されているのかを内側
から学び、理解することができた。

　私が21歳の当時、ブロードウェイでは『美女と野獣』が上演されていた。12歳で初めて観劇してから9年の月日がたっていた。かつて台詞すらまともに聞き取れなかった私が、生意気にも演技の批評までするようになっているのだから、驚きである。

　演劇学校の卒業式には、家族が来てくれた。いつかここの舞台に立ちたいと言った私の言葉を、その12年後に私のブロードウェイ初舞台を観に来てくれた兄は、覚えていてくれた。そして、私がデビューしたミュージカル『王様と私』の劇場は、まさにあのリンカーンセンターの一角にあった。

　このように、アメリカでは、Full Circle（ぐるっとひと回り）に縁がつながる瞬間が次々と起こり始める。

　渡米したての私がニューヨークから受け取ったGIFTを、あなたにもお届けします。

　さあ、あなたの自分らしさを磨き、輝かせていきましょう。

　Enjoy!

自分を測っている物差しの存在を知る

　あなたは自分の実力を、何を基準に判断していますか？

　テストの点数、年収の金額、持っている資格の数、会社の規模、部下の数、子どもの数、SNSのフォロワー数、ダイヤモンドのカラット数……その基準は、本当に正しいですか？

　渡米するまで日本の学校文化で育ってきた私にとっては、テストの点数は自分の評価に直接つながるものであり、もしそれを信じ込めば、危うく自分の価値まで委ねるところでした。

　高校卒業後、6月に渡米し、いよいよ私のアメリカ生活が始まりました。大学の正式なスタートは9月ですが、それに備えて夏学期のライティングのクラスを受講していて、英語を第一言語としない学生が集まっていました。特に目立っていたラテン系の（スペイン語を第一言語とする）学生は、とてもオープンで、知り合いがいなかった私にもフレンドリーに声をかけてくれました。授業中も先生にバンバン質問をするので、「この人はこんなにペラペラ英語を話しているのに、なぜこのクラスを受けているんだろう」と思っていました。自分の意見をスムーズに声に出して、先生と楽しそうに議論を交わしていたからです。

　私はどうだったかというと、先生の英語が速すぎて、ほとんど言っていることが聞き取れませんでした。日本ではあれほど大好きで得意としていた教科なのに、授業にまったくついていけないことに焦りと落胆を隠せませんでした（金沢にいたときのネ

イティブの先生方は、私たちのために相当速度を落として、あえて易しい単語を選んでくれていたのだと痛感しました)。

しかし、授業の目的はライティングだったので、黒板に書かれていることをしっかり勉強すればテストの点数は取れてしまったのです。そして、あの英語ペラペラのラテン系の学生はというと……文法のテストでは、惨敗でした。先生にたくさん直されながら苦戦しているようで、この事実には驚きました。

文法が完璧でなくても、英語をペラペラしゃべることができる。逆に言えば、私がこれ以上どれだけ文法をがんばったとしても、英語がペラペラになるとは限らない。そのラテン系の学生は、文法のミスよりも、もっと大切で伝えたいことがあって、その思いをしっかり相手に届けている。これこそがコミュニケーションなんだ、と気づかせてもらったのです。

言語とは本来、意思疎通のための手段です。ライティングのクラスでどれだけテストの点数を稼げても、実際にコミュニケーションを取れていない自分は落ちこぼれのように感じていました。「英語をまったく聞き取れず、話せない」という事実を突きつけられ、完全に自分の「点数」と自分の「実力」を混同していたことに気づかされたのです。

授業中は、間違った文法で発言してしまうのが怖くて黙りこくっていました。英語上達のために留学しているはずなのに、「完璧になるまで発言しない」では、自分自身に無謀な高さのハードルを課しているようなものでした。今思えば、そもそも間違えゼロを期待すること自休がズレていたのです。

私は、完璧な文法という1つの物差しにこだわりすぎて、実はそれよりもずっと意義のあるコミュニケーションのチャンスを

見落としていたのです。コミュニケーションこそ、言語を学ぶ醍醐味で、人と人が出会い、喜び、発見し、成長し、そしてミラクルが起きる場所なのに、そこに踏み入れる許可を、文法という物差しが満点になるまで自分に与えていなかったのです。もったいない話です。

　失敗に対する恐怖が消えるのを待つ代わりに、その不安な気持ちと正直に向き合いながらも一歩を踏み出していく人が、チャンスをつかんでいくものです。
　あなたが現在こだわりを持っている物差しはなんでしょうか？　どんなことに対して「こうしなきゃ」と感じていますか？　もしかしたら複数の物差しがあるのかもしれません。その基準を少しでも緩められるとしたら、その先にはどんなチャンスが待っているでしょうか？　あなたの可能性が多方面に広がり、想像もできないような感動に包まれ、人生がダイナミックに展開するかもしれません。

　実力も人生の豊かさも数値で測れるものばかりではないですよね。人生を存分に謳歌するには、あなたが今どう感じているかに気づき、あなたの内面をのぞく練習もしながら、オープンに新しい可能性に踏み込んでいく勇気が必要なのです。

他人との違いをおもしろがる

　あなたは、あなたとまったく違う人、まったく理解できない人

と毎日顔を合わせなければいけない状況に陥ったことがありますか？

　渡米して最初の３カ月、私は毎日それを体験していました。カルチャーショックの嵐に襲われたのです。キャンパスでの寮生活が始まり、日本だったらルール違反で親や先生にダメ！と叱られるようなことを、ルームメイトやクラスメイトが次々と平気でやってのけたのです。椅子に座りながら足を食卓に上げて伸ばしたり、パジャマのままで朝の授業を受けに来たり……私が勝手に心配して一人でハラハラしていても、当の本人は（まさしく寝起きなので）パジャマ効果もあってか、リラックスしきっているのです。私だけが気を揉んで、神経をすり減らして、すっかりヘトヘトになってしまいました。

　それまで絶対的なものだと信じて従ってきた常識が、あれよあれよと覆される日々が続き、ある日、ホームシックがピークに達しました。夕方の静まり返ったキャンパスからの帰り道、大好きなドリカムの楽曲をMDプレーヤー（今では幻となった四角いディスクで音楽を再生する装置）で聴きながら、とうとう涙を堪えられず大泣きしました。「もう、日本に帰りたい……」

　先輩に相談したところ、「もし今アメリカが嫌いなまま日本に帰ったら、きっともう一生戻ってこれないよ。1年間はがんばりな」と励まされ、なんとか1年は踏ん張ることにしました。今となっては、このときの貴重なアドバイスには、感謝してもしきれません。

　「この先どうやったら続けていけるんだろう。私の常識と違うからダメ、と毎回抵抗していたらもう身が持たない。何かを変

えなければ……。でも、私がまわりの人全員を変えることはきっと難しい……つまり、これは私自身が変わらなければいけない?!」と、薄々気づいていました。当時は「まわりと合わせること」をよしとし、それ以外を自動的にダメと捉えていましたが、そのもともとの初期設定を一新するときが来たのです。

　それまでは違うことを「ダメな例外」として扱ってきたけれども、もしも、違うことが「当たり前」だったらどうなるんだろう？
　ある日、ニューヨークの地下鉄に乗っていて気づいたのです。誰一人同じ人はいない。特にこの街はバックグラウンド（国籍、人種、文化、宗教、ジェンダーなどの背景）があまりにも違うから、揃えようがない。ニューヨーカーたちは、まわりに合わせる代わりに自分の個性を磨くためにがんばっているから、あんなにイキイキしてカッコよく見えるんだ、と。
「本来、まったく同じ人なんていないんだから、揃えようとしないで、私は私でいればいい。それに、このアプローチの方が気持ちが断然ラク!」ということを発見したのです。

　もしも、あのまま「違う＝ダメ」と白黒ハッキリさせていたら、私の世界は狭いままで、そこから広がりも深みも生み出すことはなかったでしょう。「みんなそれぞれが自分の中で最高のバージョンを目指している」と思えると、違いを尊重し、好奇心をもって受け入れられるようになっていきました。

　違いをおもしろがることで友達も増えました。私の長年の友人であるメレディスとミッキー。一人はシーフードを食べないアフリカ系アメリカ人、もう一人は肉を食べないユダヤ系アメリ

カ人、そして私は雑食の日本人。人種も、生まれ育った文化
も、食べ物の好みも、一見まったく共通点のない私たちが深い
絆を築き、仲良し３人組になれたのは、お互いの違いを尊重
し、好奇心をもって歩み寄ったからこそです。私たちそれぞれ
がShow Upして歩み寄らなければ、その先にある可能性の扉
を開くことはありませんでした。自分の思い込み、偏見に気づ
くこともなく、相手を深く知るチャンスを逃し、貴重な友情を
育むチャンスも逃していたことでしょう。

　これが、違いを尊重し、互いに好奇心をもって歩み寄る醍
醐味です。あなたのアプローチ次第で、コミュニケーションの
可能性は無限大に広がります。
　もしもあなたが「この人のことは理解できない！」と苦しんで
いるのならば、それがあなたのどういう判断基準によるものな
のかを今一度見直してみてください。もしかして「同じじゃない
とダメ」を前提としていませんか？

　自分が変えられるのは自分自身だけです。相手のことは変え
られません。相手を変えようとして、変えられなくて苦しむのは
あなた自身です。その苦しみから自分を解放してあげるために
も、一度アプローチをシフトしてみるのはいかがでしょうか。
　好奇心をもって想像力を働かせて、その人を理解しようとす
ると、その先には最高のGIFTが待っているかもしれませんよ。

自分が持っている権利に敏感になる

　あなたは、今のあなただからこそ行使できる権利をフル活用していますか？

「まだ学生だからお金がない」「仕事が忙しいから学生のときのように時間がない」
　私たちにとって「ないもの」を見つけるのは比較的簡単です。でも、よーくまわりを見渡してみると、そこには意外なチャンスが潜んでいることがあります。

　私の進学したニュージャージー州の州立大学は、マンハッタンまでバスで15分という、とても便利な立地でした。平日は授業があるのでなかなか行けませんでしたが、週末になると朝早くにバスに乗り、ミュージカルを観るためにマンハッタンに通いました。
　当時はほとんどの公演が学生割引チケットを提供していて、学生証はとても心強い存在でした。通常、公演当日に先着約20人限定で購入権が与えられたので、劇場の窓口がオープンする午前10時の、約2時間前を目指して列に並びました。

　今は随分チケット代が高騰してしまいましたが、当時は学割だと約20〜30ドル（日本円で2,000〜3,000円程度）が相場でした。しかも、座席はたいてい最前列！　観劇中は見上げ続けることになるのでかなり首に負担がかかっていたはずですが、当時の私にはまったく問題ありませんでした。

　そして、初めて金沢以外の街で迎えた誕生日、私は同じ大学に通う数少ない日本人の先輩と一緒に、大好きなミュージカル『アイーダ』を観に、ブロードウェイに出かけました。素晴らしいパフォーマンスの後、カーテンコールで、ある俳優さんが舞台袖から駆け出してきた瞬間、大きな感動を覚えました。

　そこには、その瞬間までの約3時間、物語の中で演じてきた姿とはまったく別の表情がありました。「やりきった！」という達成感と、観客に対する真摯な感謝の気持ちで溢れた微笑みで挨拶に出てきたのです。主役のアイーダでもなく、助演のアムネリスでもない。真ん中で誰よりもスポットライトを浴びているわけでもないのに、その脇にいる俳優さんの表情を見て「こういう達成感を味わいたい」と強く感じました。そして、これを機に、初めてブロードウェイ俳優を「将来の職業」として意識するようになったのです。

　その夜、大学の寮に戻った後、ノートを1枚ちぎり、手元にあった一番太い蛍光ペンで「ブロードウェイの舞台に立つ！」と書きました。蛍光ペンではイマイチ薄かったので（笑）、ほかのいくつかのペンで何度かなぞりました。寮の部屋では2段ベッドの下段に寝ていたのですが、手を伸ばせばすぐに届く低い天井に、その作りたての「宣誓書」を貼り、それ以降、毎朝毎晩眺めるようになったのです。

　観劇と聞くと富裕層の嗜みというイメージがあるかもしれませんが、本場ブロードウェイでは、学生も、世界中からの観光客も、あらゆる人が舞台を楽しめる工夫がなされています。
　いくつかの公演では、学生以外でもお手軽な価格で購入で

きるように、本番の約2時間前にRush Tickets（当日割引券）の抽選会が行われます。劇場前が大いに盛り上がり、作品の宣伝、話題作りにも活かされています。

　観劇での垣根をなくすことで、次世代のパフォーマーを育み、そして演劇ファンを増やすことができるのです。誰もが舞台を気軽に楽しめて、一緒に盛り上がって喜びを分かち合える。こうやって演劇文化の裾野も広げられています。

　舞台だけでなく、アートの世界でもそんな姿勢がうかがえました。メトロポリタン美術館は、当時、地元のニューヨーカーはDonation（寄付）制だったので、知り合いに「25セント（当時のレートで約25円）のワンコインでも入館できるんだよ！」と教えてもらい、びっくりしたものでした。「だから美術学生が頻繁に出入りして、連日模写に取り組むことができるんだ」と納得したことを覚えています。

　ニューヨークのこういう懐の深さに恋に落ちるように、私はどんどんこの街が好きになっていったのです。

　マンハッタンの中心地にある巨大バスターミナル・ポートオーソリティは、私にとってニューヨークの出入口でした。そこには、午後5時になると半額になるパン屋があり、帰り道にそこでスコーンを買い、次の日の朝食にするのが楽しみの1つでした。学生の私でも、ニューヨークを満喫するチャンスは至るところにあったのです。

　ニューヨークでなくても、あなたのまわりにはあなた次第で見つけられるチャンスが常に溢れています。さあ、今のあなた

のまわりにはどんなチャンスがありますか？　もしかしたら、あまりにも身近すぎてまだ気がついていないだけで、あなたに活用してもらうことを待ちわびているチャンスが転がっているかもしれませんよ。

Let's maximize our opportunities!
チャンスを最大限に活かしていきましょう。

ぬるま湯につかっている状況に危機感を持つ

　成長は変化です。あなたは日々「成長している、進化している」という実感がありますか？

　大学の新年度が９月に始まり、いよいよ正式に大学生活がスタート！　総合大学というだけあって、あらゆるクラスが提供されていました。一般教養の必須科目である統計学や、コンピューターの授業、そして当時まだぼんやりしていた夢のピントを絞るために、まずはいろいろトライしてみよう！と、陶芸のクラスやモダンダンスのクラスも受けました。一応「演劇学部」でしたが、演技をぐいぐい掘り下げる専攻ではなく、お芝居のクラスは週に２回程度でした。
　英語に対するコンプレックスはまだ拭いきれず、どの授業でも相変わらず黙りこくったまま。ひたすら黒板を丸写しして、それを覚えればテストの点数は取れるので、あまり発言できなくてもクラスをパスできそうだということがわかりました。

しかし、19歳の誕生日に舞台俳優になることを意識し始め、毎朝毎晩2段ベッドの天井に貼られた「ブロードウェイの舞台に立つ！」という宣誓書を見つめるようになって、新たな構想を練り始めたのでした。

　「ひとまずアメリカにたどり着いて、金沢にいるときよりは確実にブロードウェイに近づいた。さて、どうやったらさらに射程距離を縮められるのだろう？　そもそも私は本当に俳優になりたいんだろうか？」

　いろいろな疑問が浮かびました。このまま大学にいたら、英語がしゃべれなくてもクラスはパスできる。つまり、そのままなんとなく卒業もできる。でも、もし俳優になるのならば、演技は言葉を交わすコミュニケーションそのものなので、英会話力は、必須条件です。教授の言っていることが理解できず、受け答えもできない私が、このまま「演劇学部卒業」になってしまっていいのだろうか……。

　「ヤバッ」危機感を覚えた瞬間でした。

　今の状態では、ぬるい。このままここに4年間いると、大して英語も上達しないまま、しかも演劇の世界で生きていきたいのかもわからないまま「演劇学部卒業」になってしまう。そのぬるさに危機感を覚えたのです。

　ぬくぬくとこのぬるま湯につかり続けて、卒業式の日に「あれ、4年間何してたんだろう？　私は本当は何がしたいんだろう？」と、はてなマークに囲まれた自分を想像して、危険信号をキャッチしたのです。このまま学位取得のためだけに在籍して、実力の伴わない肩書をもらってしまうことに異常な違和感

を覚えたのでした。

英語が上達しないと演技ができないことは明白です。そして、本当に俳優を職業にしたいのかもハッキリさせたい。ならば一度、英語を使わざるを得ない環境、そして演技づけの生活をしてみたらどうだろう……そうしたら、本当にこれが自分の性に合っているのか、白黒ハッキリするのではないだろうか？ そして、もし「自分には合っていない」「職業にしたいとまでは思わない」とわかったならば、それだけでも飛び込んだ意義がある。再び大学に戻ってほかの専攻にトライすればよい。

そして、入学1学期目にして、大学の演劇学部長であるダイアモンド教授に直接相談しに行くことを決めたのでした。

この「ぬるい状況」を英語ではComfort Zone（慣れた領域）といいます。安心かつ安全、特に自分を試されることもなく、その代わり特に成長もしない、ぬくぬくと居心地のよいゾーンのことです。

成長は変化。変化がなければ成長はありません。
"Step Out of Your Comfort Zone."
「慣れた領域から踏み出そう」

私が頻繁に自分自身に投げかけているフレーズです。踏み出さなければ変化は起きません。もしも成長したい、進化したい、と感じるのならば、今の心地よい領域から踏み出すことを避けては通れません。

渡米する、アメリカに引っ越すというのはとても大きな"Step Out of Your Comfort Zone."でしたが、あなたの身近にもトライできるチャンスは溢れています。どんなに小さく感じるチャレンジでも、今のあなたがちょっと背伸びしなきゃ、と感じるものはすべて成長のチャンスです。例えば英語の勉強をしているのならば、その目の前の英文を声に出して言ってみる。これも立派な"Step Out of Your Comfort Zone."です。ぜひ今日からトライしてみてくださいね。

「ぬるさ」の温度を上げることは、いつでもできます。
You can do it! Step Out of Your Comfort Zone.

頼れる人には、自分の本当の思いを伝える

気遣う心を美徳とする私たち日本人にとって、相手の気持ちを慮って自分の本当の気持ちを伝えないことは、誰しもが一度は経験したことがあるのではないでしょうか。

しかし、ときにはあなたの気持ちをまっすぐ伝えることで、人生を開拓させるスピードを加速することができます。

大学の恩師であるダイアモンド教授に相談に行ったときの話です。自分がいる環境のぬるさに危機感を覚えた私は、そこから抜け出す策を見つけたかったのですが、大学以外に一体どんなオプションがあるのか、調べる方法すらわからず、すっかり

迷子になっていました。そして、ダイアモンド教授にその思い
を直接伝えたのです。

　私が金沢から大学を志願した際に、わざわざアメリカに面接
に来なくていいように電話で面接をしていただき、私の拙い英
語でも快く入学の許可をくださった方が、ダイアモンド教授で
した。まさに私をこの大学に受け入れてくれたご本人に、入学
早々、面と向かって「ここではぬるいんです。でもほかにどこ
に行けばいいのかわからないんです」なんて、こんな失礼な
ことを聞いていいのだろうか……それでも勇気を振り絞って教授
に思いを伝えると、自然と涙がこぼれていました。

　これは、先のコラムでも紹介した "Vulnerable" な瞬間でも
ありました。失礼な相談をして申し訳ない気持ちでいっぱいで
したが、自分に嘘をつくのも苦しい。「教授を怒らせてしまうの
では……」と恐れる気持ち、「どうしたらいいかわからない」を
認める恥ずかしい気持ち、このまま大学で４年間をなんとなく
過ごしてしまうことへの不安な気持ち、さまざまな感情が入り
交じる中で、ありのままを包み隠さず伝えたのです。

　そして、ミラクルが起きました。

　教授が、「ならば演劇学校に行ってみるのがいい」と、マン
ハッタンにある演劇学校を調べ、その中で最適な学校をすすめ
てくれました。しかも、入学するための準備を全面的にサポー
トする、とまでおっしゃってくださったのです。

　これから大学を去ろうとする学生に、なぜこんなに手厚いサ
ポートをしてくださるのか。その理由を聞いたときの教授の返
答に、さらに衝撃を受けたのでした。

「ミナミ、私の仕事は、いくら大学の学部長といっても、君を
この大学に縛りつけることではないのだよ。教育者として、君
にとって最善の進路をすすめ、導くことだよ」

　教授のあまりに温かいお言葉に感動し、一気に涙が溢れて
号泣してしまったのでした。
　その後、教授は約束通り、私が演劇学校の入学審査に合格
できるように、忙しい合間を縫って快く手伝ってくださいました。当時、大学と演劇学校の両方で教鞭をとっていた演技の
先生をご紹介いただき、その方に演技のコーチをお願いしました。ダイアモンド教授ご自身も、歌唱コーチとして、選曲から
伴奏録音まで、大変丁寧に面倒を見てくださったのです。

　大学に入学したことは、私にとって決して無駄な経験ではな
く、必要なステップでした。なぜなら、高校時代に金沢で入手
できる情報の中でベストな選択は、この大学に入学することだ
ったからです。そして、渡米してこの大学に入ったからこそ、
新たな情報をもとに軌道修正をすることができたのです。
　アメリカに渡ることは、とても大きな“Step Out of My
Comfort Zone.”でした。そして、その大学が Comfort Zone
になったときに、また踏み出すタイミングが来た、というわけで
す（もっとも、そのタイミングは入学1学期目と、とても早かったわけ
ですが。笑）。

　もしも、今あなたの中に何か押し込めている思いや悩みがあ
るのであれば、まわりの頼れる人に、勇気をもって本当の気持
ちを打ち明けてみませんか。

　一人で抱え込まずに、あなたの本当の思いをシェアしてみる
と、新しい扉が開かれるかもしれません。

自分の知らない自分だけのルールに気がつく

　あなたは、「それは私には無理だから」と即答で結論を出し
てしまうこと、ありませんか?

　もしもそこで立ち止まって、「でも、もしもできるとしたら
……」と対話を続けてみると、新しい世界が開かれることがあ
ります。

　演劇学校の入学審査に向けて準備していた頃、ブロードウ
ェイダンスセンター(世界中からプロを目指してたくさんのダンサー
が集まるダンススタジオ)によく通っていました。

　ある日、レッスン後にみんなと一緒にクールダウンで絨毯の
上でストレッチをしていました(土足での絨毯に抵抗していた私も、
この頃にはもうすっかり慣れていました。笑)。ダンサーの一人が新
聞のようなものを広げて、ほかの子たちと記事を指さしたりし
ながら話をしていました。

　この新聞は『BACKSTAGE』(バックステージ)と呼ばれる、
ブロードウェイの情報紙です。その中には、数々のオーディシ
ョンの告知が記載されていました。今となってはオンラインで
簡単に情報が手に入るようになりましたが、当時ブロードウェ
イを目指しているパフォーマーたちにとっては、この3ドル(当
時のレートで約300円)の新聞がブロードウェイへの入り口でし

た。毎週木曜日に発売されると、街頭のスタンド（出店）に駆けつけては、売りきれる前にそれをゲットし、受験したいオーディションに丸をつけたり、切り抜いてスケジュール帳に挟んだりしていたものです。

　ただし、その頃の私はまだアメリカに来て1年もたっておらず、これから演劇学校に入ってちゃんと教えてもらおう、という段階でした。だから、こうしたオーディションの会話は遠くから眺めているだけでした。ちょうどその頃『フラワー・ドラム・ソング』という、ブロードウェイではめずらしく、アジア人がキャストされる作品が上演中でした。そして、あるとき『BACKSTAGE』を読んでいた子に、「このオーディションを受けてみたら？」と言われたのです。

「へ?!　私が?!」

　私なんて全然まだまだ……そもそもResume（履歴書）も写真もない。それどころか、書き方すらわからない。当時の私にとっては、「『BACKSTAGE』を読んでオーディションに行く」というのは、私よりも何十歩も前を行く人たちがやること、と思い込んでいたのです。

「そっか、私も受けていいんだ……」

　そして、そのときにはっと気づいたのです。
　私は、いつの間にか私自身にリミッターをかけていた、と。「君は新米だからまだオーディションを受けてはダメ」というル

7 2

ールなんて存在しないのに、私はいつの間にか自らを受験者の
対象外にしてしまっていたのです。

　どうでしょう？　あなたにもそういう経験があるのではないで
しょうか。謙虚さを美徳とする日本人は、「いえいえ、私はまだ
まだですから」と遠慮することがとても多い気がします。「そん
なことは当然無理」と、いつの間にか醸造してしまった自家製
ルール。ですが、そのルールによって、私たちは自分でも気が
つかないうちに自分だけの基準、常識、限界を設けてチャレン
ジを諦めてしまうのです。

　さて、先ほどのストーリーに戻って何が起きたかというと
……結局『フラワー・ドラム・ソング』のオーディションは、
受けませんでした。そのときの私には、あまりにも遠い話に感
じたからです。でも、仲間の「受けてみたら？」という一言で
「私なんかには全然無理」という自家製ルールに気づき、「もし
かしたら私にもできるのかな」という変化が生まれたことは確か
です。自分自身がリミッターをかけて、その先の可能性の邪魔
をしていることに気がつけたこと、これは大きな発見でした。
　もしかしたら、あなたも無意識のうちにリミッターをかけてい
ませんか？　これを機にもっと可能性に焦点を当ててみません
か？　「私にはまだ無理」と決める前に、「でも、もしもできる
としたら、どうしたらこれが可能になるのだろうか？」という問
いかけをする練習をしていきましょう。

　このときはオーディションを受けませんでしたが、もしも私が
「英語が完璧になるまでブロードウェイのオーディションを受け

てはダメ」と信じ込んでいたら、きっと今も1つのオーディション
も受けず、ブロードウェイの夢が叶うという現実も存在して
いなかったでしょう。

　可能性の扉をノックし続ける先に、ミラクルは起きるのです。

You are Unlimited!
可能性は無限大！

傾聴し、言葉を「売買」する

　誰かを説得するときに大切なことは、なんでしょうか？
　例えば、仕事で自社の強みをアピールするとき、友達を遊び
に誘うとき、そして好意を寄せる誰かに思いを伝えるとき。そ
んなとき、演劇の「聴く力」と、「言葉の売買」という考え方
が役に立つかもしれません。

　演劇学校がスタートし、「やっと毎日演技のクラスで英語を
話す練習ができる！　もっと流暢にしゃべって演じる勉強ができ
る！」と喜び勇んでいた頃、拍子抜けすることが起きました。
先生がクラス全体に向けて告げたのです。

「演技の基本の基本、それは話すよりもまず『聴く力』を養う
ことです」

"Acting is Reacting."（演技は反応すること）といわれるほ

ど、演技は相手を受け止めることを重視します。

「つまり相手の話をちゃんと聞きなさいってことでしょ」と思いきや、これが想像以上に難しいのです。聞いているつもりでも、実は聞き落としていることがなんと多いことか。

あなたは会話中、相手が話している間に自分の次の発言に考えを巡らせることは、ありませんか?

演技のクラスでも同じことが起きていました。私たちのほとんどが、相手が話している間に「次の台詞をどう言おうか」で頭がいっぱいになっていたのです。つまり、大して相手に集中しておらず、自分でも知らず知らずのうちに聞いているフリをしていたことを、先生に見抜かれたのです。

台詞はすでに決まっているので、相手の言葉はあらかじめわかっています。しかし、それがどんなふうに表現されるかは、その瞬間になってみないとわかりません。言葉のほかに、相手のしぐさや表情、声のトーン、ペースなどの貴重な情報があり、目を見つめると(かなり恥ずかしかったですが)、その奥にはさらにたくさんの情報が潜んでいました。文字だけでは伝わらない相手のあり方すべてからあらゆるニュアンスを汲み取り、それをヒントに言葉の奥にある心理を理解し、真意を察することが「聴く力」だったのです。

そうやって相手の演技を受けたときに自分の心にどんな変化が起こるのか、その反応を反映させたものが、次の自分の台詞になるのでした。準備した通りに毎回同じ言い方で台詞を発するだけでは、たとえどんなに流暢だったとしても、一方的で真実味に欠け、独りよがりな演技になってしまいます。

演技の授業が進むにつれ、「聴く力」に加えてそのほかにもさまざまな新しいコンセプトを教わりました。その中でも、先生がクラスメイトに問いかける際に理解できない表現がありました。それは、"buy"（買う）と"sell"（売る）、すでに知っている単語のはずなのに、意味がわかりませんでした。

　芝居のシーンを終えたときに、先生が"Did you buy what she just said?"と、クラスメイトに聞くのです。当時の私の頭の中で直訳すると「今彼女が言ったこと、買った？」だったので、初めてそれを聞いたときは「え？　buy？　なんの買い物？」と、困惑したものでした。

　あまりにも何度も出てくるので、どうやら普通とは違う意味があるのだと思い、辞書の定義をよ〜く見てみると「話を本当と受け入れる、信じる」という意味もあったのです。つまり、先生が聞いていたのは「彼女の今言った言葉（演技）、本当に見えた？　それとも、ただ台本に言わされているように見えた？」という質問だったのです。

　同様に、その反対語である"sell"という単語も、演技のクラスで「受け入れさせる、納得させる」という意味で使われました。役同士のやりとりでも"You really have to sell it to her."「本気で彼女に売らなきゃ（＝彼女を説得しないと）いけないよ」と指導されていたのです。

　「売る」と「買う」、アメリカらしいおもしろい表現ですよね。ちなみに、「納得した！」というときも"I'm sold."、直訳すると「売られた！」となります（笑）。

　このとき取引されているものは、「真実」です。俳優が真実味をもって相手を説得し、相手はそれを真実だと受け入れる。演技の勉強とは、相手の真実を受けて自らの真実を伝える練習だったのです。「真実を語る練習」だなんて、なかなかカッコいいと思いませんか？

　真実味をもって相手を説得するためには（つまり、あなたが真実を「売る」ためには）、まずはあなたがその真実を所有しなければなりません。
　演技とは、着ぐるみのように何か別の人格を被ることではなく、実はその真逆でした。俳優個人がすでに所有する真実を、自分の中から見つける作業だったのです。

　自分の中の真実を探す作業というのは、あなたらしい人生を開拓することにも、とても役立ちます。真実に沿った選択をするからこそ、あなたが心から喜びを感じる道を拓いていくことができるからです。ちょっと怖いかもしれませんが、一歩ずつあなたの真実を探っていきましょう。

欠点を個性と言い換える

　突然ですが、あなたにはコンプレックスがありますか？
　かなり個人的な話ですよね。でも、私たちの多くがコンプレックスを抱えて悩んでいるのではないでしょうか。
　かなりVulnerableな（勇気のいる）トピックになりますが、コ

ンプレックスはあなたらしい輝きを曇らせてしまうので、ここで一緒にしっかり対処しておきましょう。

　ブロードウェイを目指す道のりで、私にも数えきれないほどのコンプレックスがありました。例えば、
・英語がネイティブのように話せないこと
・外国人／マイノリティであること
・幼少期からミュージカル教育を受けてこなかったこと
・身長が低く、典型的なショーガールのような容姿でないこと
　そして、小さい頃からのコンプレックスでいうと、大きなおでこ、そばかすも大嫌いでした。

　高校生のとき、ある先輩に「お前は雑巾みたいな顔やなぁ」とからかわれて、深く傷ついた記憶があります。しかし、アメリカに来たら逆転劇が待っていました。

「私は小さい頃からそばかすに憧れていたの。毎日、わざわざメイク用のペンシルでそばかすを描き込んでいたのよ！」
「え、毎日、わざわざ……」
"The grass is always greener." 「隣の芝生は青い」とはこのことですね。国が変わると、ここまで「美」の基準も変わるなんて。日本にいた頃はコンプレックスとして全否定していたそばかすを、徐々に自分の個性として捉えられるようになっていきました。私のそばかす自体は、何も変わっていません。私のそばかすに対する捉え方＝視点が変わったのです。

　でも、いちいち何もかも自分を認めてくれるような国や文化

を求め続けてもキリがないですよね。探している間に、疲れき
ってしまうことでしょう。広い世界には相反する価値観が溢れ
ています。まわりの基準に左右されず、どうしたらもっと自分自
身を肯定的に捉えられるか、が大切なのです。そのために私が
大切にしている自己承認フレーズをご紹介します。

　"Own who you are."
　"Own" は「所有する」という意味です。例えば、車のオー
ナー（Owner）は、「車を所有している人」です。そして、
"who you are" は、「あなたがどんな人間であるか」ということ
です。外面も、内面も、パワフルなところも、もろいところも、
まるごとすべての要素を指します。
　ありのままのあなたを受け入れ、そのオーナーとして責任を
持って行動することが "Own who you are." なのです。

　捉え方が変わると、行動も変わります。例えば、背が低いこ
とを長所と捉えると、「背が低いとダンスパートナーとしてリフ
トしやすいから振付家は喜んで採用してくれる。子役も演じら
れるので合格の確率が2倍になる！」とモチベーションが上が
り、オーディションにもチャレンジしやすくなります。
　私は、自分のコンプレックスとの付き合い方を変えることで
高いハードルを乗り越え、遅いスタートでもブロードウェイに
受け入れてもらうことができました。
　コンプレックスを乗り越えるためには、「私は私以外の誰かに
はなれない」ということを知ることです。
　いくら「あの人みたいになりたい」と願っても、その席はもう
本人に取られているので、どれだけ近づいたとしても偽者にし

かなれません。例えば、私がマライア・キャリーのようになりたいとしてどんなに素晴らしいモノマネをしても、マライア以上にマライアらしくはなれません。うまくいってもSecond Best（二番手）、もしくはそれ以下にしかなれないのです。

　しかし、逆に言うと、あなた以上にあなたらしくなれる人もいません。あなたは、世界でたった1つのユニークな才能と表現の組み合わせを持って生まれてきているのですから。

　"Be the best version of you."
　「あなたの最高バージョンになろう」

　自分自身の最高を目指す道のりに、競争相手はいません。
　コンプレックスの原因すべてを変えることはできません。しかし、その捉え方を変えることは、今日からでもできます。欠点を捉え直し、世界で唯一の個性を磨いていきましょう。人生の大きな革命は、内面の小さな変化から始まります。

　Own who you are. Be the best version of you.
　あなたをまるごと受け入れて、あなたの最高を更新していきましょう。

逆境も失敗も成長のチャンスと捉える

　与えられた状況がどんなに厳しくても、私たちはそれを乗り

越えて可能性を広げていくことができます。

　演劇学校では、相変わらずピンチの連続でした。その中でも、足の怪我は絶望的でした。しかも、ダンスの練習中の怪我ならばまだ同情の余地もありますが、私の場合、寝ぼけたまま起き上がろうとしてベッドから転び、足の指の骨にヒビが入ってしまったのです。救いようのない間抜けぶりでした。

　今となってはすっかり笑い話ですが、当時は本当に恥ずかしくて、自分が情けなくて仕方がなかったのです。

「こんなドジで、学校のダンスレッスン、そしてその学費をすべて棒に振ってしまうのか……」

　それでも授業に出席しないと進級できないので、連日、教室の隅に座ってみんなが楽しくレッスンを受けている様子をずっと見学しました。踊りたいのに踊れない歯痒さ。これは生殺し、と思うくらい残酷に感じました。イキイキと踊るみんながうらやましくて、とても悔しかったことを覚えています。

　そして、焦りから治りきっていない足で踊り、さらに怪我を悪化させる。そのパターンを繰り返しました。結局、在学中の半分以上を見学者として過ごすことになります。

　しかし、そんな見学者ライフの中でも、長い目で見るといいこともありました。

　それは、見学者としてメモを取り続けるうちに、振付けや先生の指示を効率的に記録するスキルを身につけることができたのです。さらに、パフォーマンスの全体像を客観的につかみ、舞台の構成を図として捉える目を養うことができました。当時

は想像もつきませんでしたが、このスキルが後にプロの世界で大いに役立つことになります。

　例えば、劇団四季での演出助手としての仕事、ブロードウェイのスウィングとして多数の役の動きや立ち位置を把握する仕事、ダンスキャプテン（俳優陣のリーダー）として緊急事態に限られた時間で演出と振付けを再構成し指示を下す仕事、あらゆる場面でこのスキルが活かされることになります。

　怪我というピンチの中でも、メモという「成長のチャンス」が、私をしっかり育ててくれていたのです。

　ピンチは、演技の授業でも続きました。
　演劇学校に入ってようやく慣れてきた3学期目。演技の授業は、Black Box Theatreといって、舞台も壁も客席も真っ黒に統一された小劇場で行われます。そのときは、シェイクスピア作品の課題が出されたのですが、古典の英語の難易度の高さに、ますますドギマギすることになるのです。
　ある日、モノローグ（長台詞）を一人ずつ舞台に立って発表していく、という授業がありました。発表が終わるたびに、先生がその演技に対してアドバイスを与えていきます。いよいよ回ってきた私の出番で、必死に暗記した古典の英語スピーチを発表しました。終了後、アドバイスをもらうために先生のいる座席に近づくと、こう告げられたのです。

「君のスピーチは、まず英語で何を言っているかが理解できない。これは言語の問題で、演技以前の問題だ」
　シビアな宣告でした。しかも、クラスメイトみんなの前で。

恥ずかしくて、悔しくて、奈落の底に突き落とされたように落ち込みました。「演劇は言葉の芸術」であり、言葉をおろそかにしてはいけない。ちょうど英語ができる気になり始めていた頃だったので、言葉をハッキリ伝えることの大切さを改めて教わったのでした。

当時、その学校では放課後に「訛り矯正クラス」が提供されていました。参加は義務ではなく、希望者が課題を持ち込み、個々に見てもらうチャンスでした。私のような留学生だけでなく、ミネソタ州などアメリカ国内でも訛りのある地域出身の人も出席していました。

「え、このネイティブスピーカーにも訛りがあるの!?　ということは、私の修業の道はさらに長い……」

驚きとともに、トホホと感じたものでした。しかし、辛抱強く丁寧に指導してくださる先生方のおかげで、「このクラスは絶対逃しちゃダメだ」と、必ず出席するようになったのです。この放課後の訛り矯正クラスでお世話になった先生が、演劇学校を卒業した後も私の演技＆訛り矯正コーチになってくださり、ありがたいご縁につながったのでした。

「演技以前の問題」と言われても、諦めずに訛り矯正クラスに Show Up すること。そして、怪我をしてもダンスクラスにノートとペンを持って Show Up すること。逆境も失敗も大きな成長のチャンスになりました。

今、アメリカで活躍している人の中にも、通常の人より高いハードルを抱えていた人は少なくありません。例えば、スターバックスの創業者であるハワード・シュルツ氏は、米国内でも

「最底辺」とまでいわれるHousing Project（低所得者団地）で生まれ育ちました。私は、逆境が私たちを強くするし、ときにアドバンテージにすらなると思っています。

逆境は粘り強さを身につけるチャンスであり、その粘り強さは勝因につながっていくものです。どんな環境でも「誰が一番不利か」なんて一概には言えないもの。恵まれた環境で育った人こそ、与えられることに慣れすぎていて、打たれ弱く逆境に弱い一面もあるものです。

さあ、あなたのまわりには今どんな成長のチャンスがあるでしょうか？　あなたは、そこにどうやってShow Upしていきますか？　ピンチをチャンスに変えるのは……

It's up to you.　あなた次第です。

「ダメ出し」から「Notes」へ

あなたは、褒められて伸びるタイプですか？　それとも、酷評されてやる気に燃えるタイプですか？

私は、もしニューヨークできつい言葉で叱られ続けていたら、きっとあっという間に萎えていたと思います。日本にいた頃はコンプレックスの塊で、自分によいところなんて何もないと思っていました。日々「私なんてどうせ……」と、自分を責め倒していました。ある程度まではコンプレックスからがんばる活力を得ていましたが、さすがにそのままでは、厳しいショービジネスの

世界で約20年間も生き残ることは難しかったと思います。

　渡米して、ニューヨークのダンススタジオでレッスンを受けるようになると、たまに先生やまわりの子たちから、「今のいいね！」と声をかけてもらうことがありました。「私にもいいところがあるんだ！」と、私はその一言に猛烈に励まされ、それにすがって一歩ずつ前に進み続けることができました。褒めてくれた本人たちにとってはなにげない一言だったかもしれませんが、私にとってはそれが「私にもできるかも」という希望になったのです。

　演劇学校でも、クラスメイトが授業後に "I love your voice!"「あなたの歌声が大好き！」だとか、"You made me cry in that scene."「あの場面で君の演技に感動して泣いちゃったよ」と、積極的に温かい言葉をかけてくれるので、その言葉の1つ1つを肥やしにしていました。

　たとえ同じ指示でも、どんな言葉を使い、どのように伝えるかで、その効果には雲泥の差が出ます。ネガティブに批判されてダメージを受けたところから指示に従う場合と、「ここが前よりもよくなったね」と肯定されてから次の指示を受ける場合では、どちらが気持ちよく積極的に取り組めるでしょうか？

　ここで、私が演劇学校で教わり、今でも大切にしているコンセプトをご紹介します。それが、"Notes"（留意点）です。日本でもおなじみの、ノートブックのノートです。では、日本ではNotesの代わりにどんな言葉が使われているかご存知です

か？

　それは、「ダメ出し」です。

　日本にいるときにも使われていたので、特に何も考えずに
Notesの訳としてダメ出しを使っていましたが、実はそこには
重要な違いがありました。ダメ出しとは、文字通り「ダメな点
を指摘する」ことです。あなたは自分のダメなところを列挙さ
れたら、どんな気持ちになりますか？　きっとネガティブに落ち
込みますよね。「やっぱり私にはいいところがないんだ」と。

　でも、英語のNotesにはそんなネガティブなニュアンスは一
切含まれていません。「留意点」とは、心に留めてほしい点、
気をつけてほしい点、ネガティブでもポジティブでもなく、とっ
てもニュートラルな言葉なのです。

　そして、その伝え方のアプローチにも、ダメ出しとNotesで
は大きな違いがありました。ダメ出しは、どちらかというとでき
た点に関しては特に触れず、できなかった点をリストアップして
いきます。それに対してNotesは、まずはできたところから指
摘し、そこからさらに積み上げるように改善点を提案していく
のです。

　人間ならば承認欲求は誰にでもあるもの。「ダメ」と言われ
る代わりに、「いいね」という承認がスタートラインだと聞き入
れやすいですよね。そうやってコミュニケーション回路を円滑に
して、相手が最も受け取りやすい状態を作ってあげるからこそ、
Notesは効果的なのです。この「Notes制」は、演劇学校で
先生方が実践してくださった通り、実際にショービジネスの世
界でお仕事を始めてからも一貫していました。

そして、これは演劇の世界だけでなくて、あなたが自分自身にどんな言葉をかけるかにも応用することができます。

あなたは自分自身にダメ出しをしていますか？　それともNotesをあげていますか？

あなた自身への言葉遣いは、聞き取るのがなかなか難しいかもしれませんが、だからこそよーく傾聴してみてください。

①「あ〜、Aができなかった。全然ダメ！　どうせダメ……」
②「今回はBができた！　じゃあ次はAに取り組もう！」

いかがでしょう？　①で「結局自分はダメなんだ」と自らのアイデンティティを否定してガッカリする代わりに、②では「今回はこれができた！　じゃあ次はこれをやってみよう」とモチベーションまで変わります。自分への声のかけ方が肯定的に変わると、継続もしやすくなるのです。

あなたは、あなたのためにどうShow Upして、どんな言葉をかけてあげますか？

ダメ出しするにも、Notesをあげるにしても、どちらにしても、それが習慣化され、それを繰り返す方向に勢いがついていきます。自分のダメな理由を掘り起こして、どんどん気持ちがネガティブに重くなる方向に引きずるのか、それともできた証拠を集めて、自信につなげ、さらに積極的に取り組みたくなるポジティブな波に乗るのか。どちらの方が効率がよいと思いますか？

誰かに承認してもらうことを待つ代わりに、まずは今日からあなたが「ダメ出し制」から「Notes制」に切り替えて、あなたのよいところを見つけてあげるのはいかがでしょう？

　自分に対しても、相手に対しても、どんな声をかけるかは、今日から意識的に選ぶことができます。つらいときや自信がないときこそ、自らにどんな声をかけてあげられるかで、その先に拓かれる道が大きく変わるのです。

　あなたの毎日の生活に、Notesの肥やしを添えてあげると、きっとあなたの可能性はますます広がるはずです。

結果ではなく、成長する
プロセスそのものを楽しむ

「君たちはアーティストではない。職人だ」
　演劇学校の入学式で、学長から贈られた衝撃のスピーチでした。

「舞台は1回きりではない。公演が正式に開幕すると、その開幕初日のクオリティを週8回、来る日も来る日も（ヒットして長期公演になった場合は何年も続けて）同じレベルの集中力をもって舞台上の動きや演出の意図を正確に守り、毎公演、役を新鮮に生きなくてはならない。それを達成するのは、日々Craft（芸）

を磨き続けるCraftsman（職人）だ」

　最初は啞然としましたが、とても納得したことを覚えています。

　演劇学校の第1学期のクラスメイトは、ほかのクラスに比べて年齢層が高く、留学生や、私のように一度は大学に行ったけれど集中して演技を勉強したい人、社会人を経験してからやっぱり夢を追いかけると決めた人、そしてアメリカンドリームをつかみに来たノルウェーのセレブ、なんて人もいました。皆とても目的意識が高く、「演技を学ぶためにこの街にいる」と、俳優をキャリアにすることに真剣に取り組む仲間でした。

　しかし、そのほかのクラスは、高校を出たての10代の子がほとんどでした。いきなり田舎から大都会に引っ越して、中には刺激溢れるニューヨークの誘惑に気を取られて、ニューヨークに来た目的を忘れ、次第に学校に来なくなる子もいました。

　そんな中で、たまには私もクラスメイトと街に繰り出して、遊びに行くことがありました。しかし、その頃は学べば学ぶほど演技の奥の深さにますます魅了されていた時期で、あるとき「稽古場にこもって一人で練習している方が楽しい」と感じてしまったのです（笑）。

　これが「あ、この職業、性に合っているのかも」と感じた瞬間でした。スポットライトや拍手喝采とはかけ離れた、なんとも地味な作業にハマったのです。

　今、俳優を目指している方にはちょっとガッカリさせてしまうかもしれませんが、私はブロードウェイ俳優の仕事の70％はオ

ーディションだと思っています。契約を勝ち取って舞台に立てることは、ご褒美のようなものです。

　夢が叶ってブロードウェイの舞台に立つことができても、週8回出演しながら、キャストのほとんどがオーディションを受け続け、次の仕事を探しています。舞台が1年以上のロングランになることは稀なことで、レビュー（劇評）が悪ければ開幕の次の日にもクローズ、つまり失業ということもめずらしくないからです。さらに、オーディションに加えて、芸を磨くために日々レッスンやトレーニングにも通います。

「ブロードウェイ俳優」と聞いて多くの方が持たれる華やかなイメージとはまったく逆の地味な作業。これにかなりの時間と労力が注がれるのです。この対極的な地味さに耐えられるか。むしろ、ほとんどの人が嫌がるような地味さをどれくらい楽しめるか、これが鍵でした。スポットライトに憧れてブロードウェイを目指す人のほとんどが、この現実にガッカリして諦めていきます。

　そして、それこそが私にとって決定的な長続きの秘訣でした。私がこれまで約20年間も俳優を続けてこられた理由は、舞台作りのプロセス自体が好きだったからです。

　これは舞台作りに限らず、あらゆる分野において同じことがいえるのではないでしょうか。目標のためにがんばっていても、その過程が大嫌いではモチベーションが続かず、息切れしやすくなりますよね。

　もしも今あなたが目的に向かって取り組んでいることがあるならば、その目の前にある地味な作業に対してどう感じています

か？　嫌々やっている、我慢して何かを犠牲にしながらやっている、と感じることがありますか？　目の前の作業に対して、今日からどうやったらおもしろさを感じて取り組めるでしょうか？　ぜひ新鮮な目で検討してみてください。

　そして、プロセスに好奇心をもって取り組めること自体がVictory（勝利、成長）に値します。しっかりお祝いしてあげてくださいね。その積み重ねがあなたの可能性を広げるのですから。

　Celebrate Every Victory!
　どんな進歩も祝っていきましょう。

Column 2

「Vulnerable」を実感した瞬間

　私が初めて"Vulnerable"という概念を実感したのは、マンハッタンの演劇学校に入学した直後でした。

　Vulnerableは、「無防備な」とも訳される通り、ありのままの自分、本当の自分を指すことがあります。そういう無防備な状態を晒すことは、当然に恐怖をともないます。もしもあなたの中に、自分自身も知らない「本当の自分」が隠れていて、その正体をある日突然、人前で暴かれたとしたら……。

　それこそが、私が演劇学校に入って最初のお芝居のクラスで起きた事件でした。

　演技の先生から、モノローグ（長台詞）をクラスの前で一人ずつ発表するという課題が出されました。それは戯曲『ピグマリオン』の有名な場面で、主人公の言語学者ヒギンズ教授が、英語がいかに美しい言語かを称え、熱弁するシーンです。演劇は「言語の芸術」とも呼ばれているので、演劇学校の最初の課題としては、確かにとてもふさわしい台詞でした。

　しかし、当時まだ渡米2年目でカジュアルな英会話もやっとだった私にとっては、聞いたことのない単語のオンパレードで、ほかのクラスメイトが「さあ、このシーンをどう演じようかな」と演技に工夫を凝らす姿を横目にひたすら辞書を引き、とにかく暗記を試みるだけで精一杯でした。

　そして、いよいよ私が発表する順番が回ってきました。私な

りに暗記したモノローグにいざトライしようと、勇気を振り絞って覚悟を決めたその瞬間、先生に止められたのです。

「ミナミ、始める前に。まず、その前髪を上げなさい」

　まだ一言も発していないのに、なんだか意味不明な指示が飛んできました。「なんで前髪？　私の演技と前髪に一体どんな関係があるんだろう？」と思いながらも、初日だから先生の指示には従っておこうと、前髪を動かそうと思ったとき。
　ここで、信じられない事実に直面したのです。

　たかが前髪、されど前髪。言われた通りにさっさと前髪を上げればいいだけなのに……それができなかったのです。
「なぜ私はこんなことに抵抗を感じるのだろう？」
　その理由を探る中で、困惑とともに発見がありました。私の中に、まだ「自分でも知らない自分」を見つけたのです。当時の私は、大きなおでこがコンプレックスでした。それが恥ずかしくて、おでこを隠すために分厚い前髪を斜めに流し、さらに絶対に動かないよう10本ほどのヘアピンで固定していました。
　前髪は、私の隠れ蓑だったのです。見られたくない部分を覆い隠す手段であり、同時に自分自身にも真の姿を見せないように、心にベールをかけていたのです。物理的におでこを覆うことで、心理的にも本当の自分から目を伏せていました。
　前髪の奥に隠れている自分というのは、ほかの人に見せたくない「ありのままの自分」でした。カッコ悪い自分、弱い自分、醜い自分、もろい自分、傷ついている自分、恐れている自分、完璧じゃない自分。でも、どうやらそれが本当の自分なのかも

しれないという事実を突きつけられてしまったのです。

　これが、Vulnerableな瞬間でした。

　これを機に、私の「ありのままの自分」と出会う旅が始まりました。同時に、演劇に一気に引き込まれていくきっかけにもなりました。お芝居というのは、俳優が誰か別人になりすますことではなく、あくまで生身の人間として、物語の設定の中でリアルに生きることです。物語の世界へワープする以前に、まず私自身が一人のリアルな人間としてありのままの姿を知らなければ、物語の中の人物をリアルに演じることはできません。演劇を勉強することは、本当の自分と出会うことにつながるんだと、演劇にますます魅了されていくのでした。

　このことを学べた経験は、もしも私がその後プロとして演劇の道に進まなかったとしても、大いに価値がありました。それからというもの、生きるのがずっとラクになったからです。

　本当の自分をありのまま見つめること、Vulnerableな状態になること。これは、人間ならば誰しも居心地が悪く、恥ずかしく、できれば避けたいと思う状態です。Vulnerableになることには、勇気が求められるものです。それでも目を逸らさずにしっかり見つめること、これもShow Upです。

　俳優という職業に限らず、本当の自分との出会いは、あなたがあなたらしく生きるために必要不可欠です。Vulnerableになることで、自分の正直な気持ちを知ることができるのです。

Chapter 3

オーディションに
87回連続で落ちた私が、
俳優としての仕事をつかむまで

Auditioning Days in New York

Auditioning Days
in New York　*2004 - 2007*

　数えてみると、そのオーディションは、私にとって88回目のオーディションだった。この章は、演劇学校を卒業した私が、オーディションに落ち続け、俳優として初めて仕事のオファーを受け取るまでの話。

　ニューヨークでは毎日数えきれないほどのオーディションが開催され、その気になれば1日1回といわず、3回も4回も受けることができる。

　ただし……演劇学校を卒業してから、10回もオーディションを受けずに地元に帰っていく同級生が何人もいた。幼い頃からブロードウェイを目指してトレーニングを受けてきた若き才能たちが、連日オーディションで不合格にされ、「こんなにNoばかり言われる日々には耐えられない」といって、次々とニューヨークを去っていった。

　私はというと、初めて仕事のオファーを受けたオーディションが、実に88回目だった。「三度目の正直」などというかわいいものではない。88回目にして初めてもらえたYes。つまり、それまでに87回のNoがあったことになる。

　87回も選ばれなかった私が、その87回のNoをどう捉えて、どのように前に進み続けたのか。どのようにモチベーションを維持し、どのような戦略を立てていた

のか。毎日が試行錯誤の連続だったが、失敗の中で多くのことを学んだ。ニューヨークを生きる仲間たちからも、数々の貴重なヒントをもらった。

しかし、「88回目の正直」でようやく手にした初仕事の後がすっかり順調だったかというと、まったくそんなことはない。俳優として働き始めてからも、厳しい日々が待っていた。

そして、その1年後には、ビザの問題に直面し、なんと日本に帰国することになるのだった……。

もしも今あなたが何か挑戦したいと思っていることがあるのならば、あるいはもうすでにチャレンジを始めているのならば、私がオーディションから学んだこのアプローチを、ぜひ活用してみてください。

それがあなたの人生の新たなヒントになることを願って、私の経験をお話ししたいと思います。

チャレンジを、無料のレッスンだと考える

　想像してみてください。すでにとっても魅力的でがんばり屋さんのあなたが、就職の面接でカチカチに緊張して一言も発言できなかったとしたら……あなたの本来の実力と魅力は、面接官に伝わるでしょうか？　説得力に欠け、きっと面接合格は難しいですよね。いざという本番で実力を発揮できるかどうかは、大きな分かれ目となります。

　演劇学校を卒業する間近の最終学期は、授業が夜間に回され、昼間はオーディションを受けに行くようにすすめられていました。なぜかというと、オーディションは数をこなすことで磨かれるスキルだからです。ダンスにしても、歌にしても、演技にしても、レッスンなしで上達することは難しいですよね。それと同じで、オーディションも回数を重ねて磨くスキルだったのです。これは、私も教えてもらうまで気づきませんでした。それを熟知している学校は、卒業が近づく私たちが実際に外に出て実践の場でオーディションの練習ができるように、夜間にスケジュールを組んでくれたわけです。

　その時点まで、私も含めてクラスメイトみんなが誤解していた方程式、それは「才能とスキル＝仕事のオファー」です。誰よりも上手に歌って踊って演技ができれば、それが自動的に仕事につながる、と信じていました。なので、まわりの同級生で小さい頃からミュージカルのトレーニングを受けて、地元で期待の星としてもてはやされてきた子を見ては、「こんなに才能

があるんだから、きっと卒業したらたちまちオファーが舞い込んでくるんだろうな」と思い込んでいました。

　しかし、ここで大きく見落としていたのは「オーディションを受けるスキル」だったのです。これも歌や踊りや演技と同じで、チャレンジし、失敗することによって育てられます。

　日頃から練習を重ね磨いてきたスキルや個性も、いざという瞬間にしっかり発揮できなければ、審査員を説得し、仕事のオファーを受けて舞台に立つことはできません。

　オーディションというのは、とても特殊な環境です。会場の待合室には大勢の受験者が同じ仕事を求めて集まっているので、空気は張り詰めています。一次審査の場合、実際に審査してもらえる時間は、ほんの一瞬です。30秒以下（！）という場合もあります。例えば、「あなたの歌を8小節だけ聴いてあげます」ということもありました。8小節がどんな短さかというと、『Happy Birthday to You』も歌いきれない短さです。『ドレミの歌』でいうと「ド〜はドーナツのド〜、レ〜はレモンのレ〜」までです（泣）。

　そんなときに、どうやったらいつも通りのパフォーマンスを発揮して、さらに自分の魅力をアピールできるのか。歌、踊り、演技と並んで、プロの俳優になるためには、オーディションを受けるスキルがいかに重要かを次第に理解するようになっていきました。

　そして、オーディションを受けるスキルを向上させるためには、とにかく場数を踏むしかありませんでした。つまり、オーディションに行くこと自体が、そのスキルを磨くレッスンだったわ

けです。ということで、とにかくShow Upしてオーディション
を受け続けることに徹する日々が始まったのです。

　でも、このおまけとして、いいこともありました。オーディ
ションにShow Upすることは、オーディションを受けるスキルを
磨くことに加えて、歌、踊り、演技というCraft（芸）を磨くチ
ャンスにもなったからです。例えば、

　歌の審査の場合：
　ピアニストといかに短時間でコミュニケーションを取り、準備
してきた通りのテンポやスタイルで歌えるかのレッスン。

　演技の審査：
　演出家の意図を理解し、与えられた指示をその場で自分らし
く演技に取り入れられるかのレッスン。

　ダンスの審査：
　短時間で複雑な振付けを覚え、振付家の要求を漏らさず取り
入れ、正確に、かつ個性を織り交ぜて表現できるかのレッスン。

　これらすべてのレッスンが無料なわけです。こんなに緊張感
を持って受けられるレッスンが無料だなんて、Show Upしない
方がもったいない！とすら思えるようになっていきました。
　あまり気分が乗らない日でも、「オーディションで審査される」
と思うよりも「タダでレッスンが受けられる」と思う方が気持ち
もずっとラクでしたし、実際にShow Upすればするほど、あら
ゆるスキルの向上につながりました。

もし今、あなたにとって「あ〜、Show Upするのが嫌だ、めんどくさい」と思っていることがあるとしたら、その経験自体に加えて「ほかにどのような恩恵を受けているのか」という角度で見つめ直してみてください。ひょっとしたら、思ったよりも魅力的なOpportunity（機会）が隠れているかもしれません。

米ショービズ界の「三大鉄則」に学ぶ

アメリカのショービズ界には、「三大鉄則」と呼ばれている原則が存在します。

私は、演劇学校で教わったその原則を、今もずっと大切にしています。そして、これは仕事以外の場面でもとても役に立っている原則です。あなたにとっても新しいヒントになるかもしれないので、特別にここで公開したいと思います。

①Show Up　「現れる」
②Hit Your Mark　「決まったポジションを厳守する」
③Turn On Your Light　「表情をオンにする」

これだけではわからないと思うので、もう少し説明します。

①Show Upは、本書を通して今までも説明していますよね。サボらずに現場に到着することです。例えばオーディションに参加することも、Show Upです。

②Hit Your Markは、直訳すると「的を射る」という意味ですが、ここでいうMarkとは、演出家が決めた立ち位置（実際に印のテープを床に貼ってもらえることもあれば、そうでないときもあります）へ指定されたタイミングで移動し、指示された通りの角度、ポーズで到着することです。

映像でいえば毎回のテイクで、舞台でいえば毎回の公演で、同じクオリティを保つためには、演技が上手なだけでなく、こういう決まり事を正確に再現する能力が求められます。

③Turn On Your Lightは、直訳すると「明かりをつける」です。電気のスイッチをオンにする際に使われますが、まさにそのイメージで、表情をオンにする、という意味です。

あなたは今この瞬間、どんな表情をしていますか？　オーディション中でも、自分がどんな表情をしているか自覚がない人がたくさんいます。複雑な振付けに四苦八苦して難しい顔ばかりしていると、「この人は舞台上でもきっと難しい顔しかできないんだ」と思われてしまいます。稽古場で一緒に仕事をしていくプロセスでも、難しい顔をしている人よりは、余裕のある朗らかな表情の人との方がきっと楽しいですよね。

どのフレーズも、初めて聞いたときはピンとこず、その意味を理解するのに時間がかかりました。しかし、実際にプロの世界に入ってみて、これらの原則は、確かにとても役に立ったのです。そして、シンプルで当たり前に聞こえるからこそ、多くの人が見落としていたことでもありました。

演劇学校では、このほかにもアメリカのプロの世界で絶対に

してはいけない御法度を教わりました。まず、年齢を聞くのは
タブーです。どんな相手にも絶対に年齢を聞いてはいけない
し、聞かれても答えない。履歴書にも記載しない。もしオーディ
ションの審査で聞かれたとしても、「この役は何歳の設定で
お考えですか？　ご希望の年齢で演じて差し上げます」と答え
るように教わりました。ブロードウェイは、年齢不詳のベテラン
で溢れています。変幻自在のカメレオンたち。中には、20年
前に出会ったときとまったく変わらない人もいます（笑）。

　もう1つのマナー違反は、俳優がほかの俳優にNotes（留意
点）を出すことです。相手が積極的にフィードバックを求めた
場合以外は、俳優同士のNotesの交換はしてはいけないと教
わり、驚きました。いくら大先輩だとしても、年齢や経験値に
関係なく、絶対にダメなのです。稽古やロングラン公演で長時
間をともに過ごす中で、全体のコミュニケーションと人間関係
を気持ちよく保つための工夫が徹底されています。問題や提案
がある場合は、指示の権限が与えられているダンスキャプテ
ン、音楽監督、舞台監督を通すことが義務付けられています。

　さて、アメリカのショービズ界のルールの中に、何かあなた
のヒントになることはありましたでしょうか？

　本書のタイトルでもあるShow Upを意識的に実践できるよう
になると、チャンスを広げていけます。
　ベッドから起き上がること、家を出て散歩に行くこと、そんな
シンプルな行動も、Show Upです。例えば、あなたが「ジム
に行かなきゃな〜」と思っているとします。朝、目覚まし時計

が鳴り、どこからか悪魔の囁きが聞こえてきます。「ジムなんてサボって、このまま布団の中で寝ていようよ」そんな誘惑に打ち勝ち、ベッドから起き上がってジムに行くまで。これが一番大変なのではないでしょうか？　実際にジムに到着できれば、あとは運動しないわけにはいかないですからね。

　最初の一歩であるShow Upは、当たり前に思えるからこそ見落とされがちなのです。だからこそ、それを「鉄則」として意識することを、先生は教えてくれました。

　先日、屋外のグループエクササイズのクラスを受けに行ったときのことです。朝早くのクラスに実際にShow Upしたのは、私だけ。なんと、マンツーマンで事実上のプライベートレッスン（料金でいうと、グループレッスンの軽く10倍以上はします。ラッキー！）をしてもらえました。

「Show Upすると運も稼ぐことができる」そんなShow Upの魔法を、私はこれまで何度も体験してきました。あなたもぜひShow Upの魔法を体験しませんか？

　さあ、あなたの人生にどんなラッキーなことが起き始めるのでしょうか。まずは今日の第一歩から。

Let's Show Up!

居心地が悪くても、慣れや安心に逃げない

　突然ですが問題です。「ニューヨークに住みながら、日本語

だけを話して、日本人とだけ付き合って、日本食だけを食べて
生きていくこと」は可能だと思いますか？
　正解は、"Yes, you can."「可能」です。

　ニューヨークには日本人が約５万人住んでいるそうです。日
本人や日本食店が集まるイーストビレッジ地区は、当時、英語
で苦戦していた私にとってはテーマパークのようにリラックスし
て楽しめる場所でした。納豆も大福も、日本の食べ物はなんで
も手に入り、日本のお笑い番組のビデオ（当時はまだVHSテー
プの時代でした）もレンタルできる。店員さんと気楽に日本語で
話ができて、こんな極楽はありませんでした。

　演劇学校のクラスメイトがニューヨークの誘惑に負けて学校
を去っていったように、私にとってはイーストビレッジがニュー
ヨークの甘い罠でした。しかし、そこに通い詰めても英語は一
向に上達しないまま。演劇学校を卒業しても英語に対するコン
プレックスはそう簡単には拭えず、自分の言いたいことを英語
でうまく表現できないもどかしさに悩み続けました。落ち込みな
がらも、ある日、日本のテレビ番組を見て何も考えずにガハハ
と笑える気楽さに甘えている自分に気づいてしまいました。また
もや成長の見込みのない、ぬるい環境に逃げていたのです。
「なんのためにニューヨークに来たんだろう？　このままじゃ何
も変わらない……」再び危機感に襲われました。

　"Step Out of Your Comfort Zone."
「慣れた領域から踏み出そう」

私のComfort Zoneは、日本語を使える環境です。もちろん慣れた環境の方がよっぽど居心地がよくてラクです。しかし、どれだけ長くニューヨークに住んでも、日本語ばかりの生活につかって、日本人としか付き合わず、英語を使わない生活を続けて、英語は上達するのだろうか……答えは明らかでした。

　慣れた領域から一歩踏み出すときが来たのです。

　英語上達のために、「英語を使わざるを得ない環境」に身を置くことを決め、それから約10年間は、日本人コミュニティとは自分から積極的には関わりませんでした。日本語でコミュニケーションを取れない仲間たちと時間を過ごすことで、英語のスキルを磨いていったのです。

　限られた語彙で自分の思いを語ることは、授業で与えられた課題の台詞を暗記して発表することとはまた別の難しさがありました。しかも、想定外だったのは、語彙やスピードについていけないだけでなく、話すトピックまでがComfort Zoneの外だったということです。言語の壁には、語彙やスピードのほかにも「アメリカ文化の知識」という、さらに厚い層が存在していたのです。

　仲間が楽しそうにワイワイ盛り上がっている話題といえば、アメリカで流行りのテレビや音楽、芸能人、幼少期に見た教育番組、遊びやおもちゃなど。しかし、私にとってはその「当たり前」のすべてが初耳でした。知らない固有名詞ばかり。1つ1つを説明してもらうために、せっかくの会話の流れを止めることは恥ずかしいし申し訳ない……ここでもやっぱり黙りこくってしまいました。しかし、それでもその場へのShow Upは続けました。もちろん居心地は悪かったのですが、ひたすらShow

Upを続けるうちに徐々に自分の思いも伝えられるようになって
いきました。

　もちろん、ホームシックになったり日本食が恋しくなったりし
た際にはイーストビレッジに駆け込み、日本食のお店で鯖の塩
焼き定食を食べて大いに癒されていました。

　もしもあなたがこれまででできなかったことをできるようになり
たいと思うのならば、それまでと同じ環境で、同じ人と、同じこと
をしていて、まったくの無痛でそれを達成できるでしょうか？

　これは、ある日突然、赤ちゃんがヨチヨチ歩きから最初のト
ライでスルッと立ち上がって歩き出すことを期待するようなもの
です。ヨイショと何度もトライしながら、ときには尻餅をついて
驚いたり、それが痛くて大泣きしたりしながらも、多少の痛み
や心地悪さとともに挑戦を重ねることで、いずれは立ち上がれ
るようになります。それが成長なのではないでしょうか。

　その苦痛に耐えられないと感じたときは、あなたのBIG
WHY（大きな理由）を思い出してください。あなたは痛みを味
わうためだけにその痛みを体験しているのではありません。そ
の先にある、「今は難しいと思うことも楽勝でこなせてしまう自
分」に向かってチャレンジを重ねているのです。Comfort
Zoneから踏み出し、新たに出会うバージョンアップした自分に
は、きっとその痛みの価値があります。

　私の当時のBIG WHYは、「アメリカでプロの俳優として仕事
をしたいから。英語で自由にコミュニケーションを取り、今み
たいな表面的な会話ではなく、もっと深い話がしっかりできる
ようになりたいから」でした。

つらいときは、つい痛みに集中しがちですが、それを乗り越えた先にあるあなたのイメージを大切にして、ぜひ一歩を踏み出していきましょう！

Let's keep going! Step Out of Your Comfort Zone.

ライバルすら積極的に褒める

　あなたは、一日に何回まわりの人に褒め言葉をかけていますか？　そして、あなた自身が褒められたときに、すぐに「ありがとう」と言えていますか？

　謙虚さを美徳とする私たち日本人にとって、褒められたらひとまず謙遜して褒め言葉をすぐには受け取らないことは、むしろ当たり前の習慣ではないでしょうか。
　この「褒め言葉を受け取らない習慣」は、気をつけないと自信をなくすということにつながります。私は褒め言葉をしっかり受け取る練習をする中で、自分の捉え方が変わり、オーディションでも力を発揮できるようになっていきました。

　ブロードウェイのオーディション会場、と聞いたとき、どんな雰囲気をイメージするでしょうか。ライバルが火花をバチバチ散らして、会場もギスギスしている印象でしょうか。私も最初はそんなイメージを持っていたのですが、実際に行ってみると、意外なサプライズが待っていました。

　オーディションでカット（不合格で次の審査に進めないこと）されたとき、ライバルであるはずの俳優たちが、私のパフォーマンスに対してポジティブな声をかけてくれることがよくあったのです。その言葉にどれほど救われたことか。

　ついさっきまで同じオーディションで踊っていた人たちが、審査の後に"I loved watching you."「あなたの踊りを見ているのがすごく好きだった」と、積極的に褒め言葉をかけてくるのです。歌の審査にしても、部屋の外で列に並び一人ずつ入室を待っているときも、歌い終わった子に"You sound great!"「あなたの歌声は素晴らしいわ！」と声をかけ、かけられた本人も"Thanks! Break a leg!"「どうもありがとう！　がんばってね！」と励まし合っているのです。

　オーディションで顔を合わせ、励まし合う仲間も増え、次第に会場に行くことがあまり苦でなくなっていきました。同じ夢を志す仲間に会える、と思えるようになったからです。オーディションで連日落とされ続けても、以前はライバルだと思っていた仲間たちのおかげで、気持ちが前を向き「明日もまたチャレンジしよう」と、Show Upし続けることができました。

　次第に私からも積極的に褒め言葉をかけるようになりました。
　実際にオーディション終わりのエレベーターで落ち込んだ表情の子に一言かけたとき、"You words made my day!"「あなたのおかげで今日がいい日になったわ！」と、表情がパッと明るくなり、私まで幸せのお裾分けをもらった気分でした。
　そうやって励ましの言葉をかけ合う中で、次第にある変化が訪れました。褒められたときに、ぎこちなくても"Thank you."

と受け取る練習をしていると、「私にもいいところがあるんだ」と、少しずつ自分を肯定的に捉えられるようになっていったのです。つまり、自信が生まれていったのです。

　自信がある人というのは、自分の価値を自分で認めてあげている人です。これは、決して「私は重要人物なんだ！」と主張する傲慢さではありません。他者に対して、自分の正当な価値を提示できる人です。

　以前の私は、自分のいいところも見つけられなければ、ほかの人のいいところを見つける余裕もありませんでした。まわりにポジティブな言葉をかけられなかったのは、そもそも私が自分自身にポジティブな言葉をかけてあげていなかったからでした。

　私自身が自分には価値がないと思って自分を酷評していたので、まわりに対してもそういう目で見ることしかできなかったのです。これは、大きな発見でした。私が周囲に向ける視線は、私が自分自身へ向けている視線と大きく関係していたのです。

　この発見は、オーディションでのパフォーマンスにもよい影響を与えました。自己肯定している人と自己否定している人とでは、仮に技術レベルがまったく同じだったとしても、パフォーマンスに反映されるエナジーや表情も違えば、肝心なときにどれほど実力を発揮できるかにも格段の差が出ます。

　以前の私は、自分に価値がないと思っていたので、オーディションで審査室に足を踏み入れる前から、自分の価値を割引していたのです。つまり、自分を安っぽく見せてしまっていたのです。なんて損な話でしょう。

　あなたには、すでに素晴らしい価値があります。あなたはそ

の素晴らしい価値を出し惜しみしていませんか？　あなたが内面から肯定的に生きるときに、あなたの魅力は一番輝きます。

「いえいえ、全然です〜」「とんでもないです〜」
　こういう自分を割り引くようなフレーズをどんなときにどれくらいの頻度で使っているのかをぜひ観察してみましょう。あなたが自分の価値を肯定的に捉え、肯定的に提示できれば、相手も提示されたものの価値を受け入れやすくなります。
　褒める練習は、相手に肯定的な目を向ける練習です。それは練習すればするほど、自分にも嬉しい変化をもたらしてくれるはずです。その上、誰かをハッピーにしてあげられるなんて、とてもWin-Winな関係性ですよね。

失敗しても、「今日できたこと」を毎日祝う

　人生における「勝利」とはなんでしょうか。
　スポーツのゲームで勝ったとき、大学受験や就職活動に成功したとき、資格試験に合格したときなどは、わかりやすい勝利ですよね。しかし、そうではなくても少しでも「やったー！」と感じる瞬間を毎日の生活の中で見つけることができるようになると、大きな勝利にも近づきやすくなります。

　オーディションにチャレンジする日々が始まり、演劇学校の先生からオーディションに行くたびに日記をつけることをすすめられました。毎日数多くのオーディションをこなす中で、記録

を残すことは後々Callback（コールバック）のときなどに役に立つから、という理由でした。"Callback"とは、直訳すると「呼び戻されること」ですが、オーディションでは例えば「一次審査から二次審査へ進出する」のように、次の段階に進めることをいいます。

　オーディションの審査員は、一次審査で何百という数の受験者を見ることがあります。例えば、その1週間後の二次審査でまったく違う服装で登場するよりは、同じ服装の方が前回の好印象を思い出してもらいやすく、有利に働くことがあります。

　ちょうどクリスマスにクラスメイトがプレゼントしてくれた、黄色と黄緑色の水玉で、真ん中に"Journal"（日記）と書かれたデザインのノートがあったので、これが私の最初のオーディション日記になりました。

　情報紙『BACKSTAGE』でオーディションの告知をくまなく読み、受験すると決めたものを切り取り、手帳に挟んでオーディション会場に持参します。受験後にその新聞の切れ端をオーディション日記に貼りつけて、その横にメモを書き込んでいきます。日付、会場名、審査員の名前と肩書、受験したときの服装、髪型、メイク、なんの曲を歌ったか。そして、自分へのフィードバック。これらのすべてを毎回書けたわけではありませんが、何を着て、どの曲を歌って、どう感じたかだけは、毎回なるべく書き残すようにしていました。

　すると、さまざまな傾向が見えてくるようになったのです。

　「オーディション開始1時間前、朝9時に会場着。すでにたくさんの人がいて、リストの番号は161番。人数が多すぎて受験

させてもらえなかった。この作品はいつも人気」

「やっぱり辞書を持ってくればよかった。二次審査に進めたけど、そこで渡されたセリフでわからない単語があった」

「歌う前にピアノ伴奏者にテンポを伝えるのを忘れてしまった！　今度は絶対に忘れないようにしよう」

「この曲で受けたオーディションではまだ一度もコールバックをもらえていない。リズムが複雑で伴奏者さんに初見でお願いするのは難しいのかもしれない。もっといい曲を探そう」

オーディションを受けて、記録が溜まれば溜まるほど、何が有効で何がそうでないのか、傾向と対策がつかめるようになっていったのです。

例えば、朝は何を食べたらいいパフォーマンスができるのか。食べすぎると体が重くて動けないが、軽すぎても肝心のオーディションの時間には腹ペコになって、エネルギーが切れてしまう。どのドレスがカバンの中でもシワになりにくくて動きやすいのか。どのドレスがよく褒められるのか。どの靴が歩きにくいのか。どの髪型がダンスのときに崩れやすいのか。ウォーミングアップでは、何をするべきなのか。

「いつか受かればいいな」とただ願うだけのWishful Thinking（おめでたい考え方）の代わりに、これまでのデータを活かして次のステップを決定するDeliberate Action（意図的な行動）を実行することで、無鉄砲なチャレンジが計画的なチャレンジに変わり、勝率も上がっていきました。

ここでいう勝率とは、必ずしもオーディション合格率のことではありません。コールバックをもらえたこと、緊張していても納

得のいくパフォーマンスができたこと、オーディション用の持ち歌を前よりもうまく歌えたこと。それらすべてが、私にとっては勝利であり、成功のバロメーターでした。

　どんなに小さな成長も「勝利」としてカウントしたのです。

Celebrate Every Victory!
どんな勝利、進歩、成長も祝おう!

　結果で一喜一憂する代わりに、今Show Upすることに専念することで、まわりからは「不合格続きの人」に見えても、着実に前進している実感がありました。次第に自分にとって最適なオーディションのリズムを構築していくことができたのです。これは、いくらベテランの先生でも教えられない、私が数を重ねたからこそ見つけられたコツでした。

　もちろん、最終審査まで残って不合格だったときは、期待に胸を膨らませた分、とても落ち込みました。でも、オーディション日記を振り返れば、最初の頃はコールバックを1つももらえなかった時期もあったのです。そこから比べたら着実に進歩を遂げていることを知り、励みになりました。このオーディション日記が「君はちゃんと成長しているよ。少しずつ夢に近づいているよ」と、静かに私の応援団になってくれたのです。

　あなたには、毎日必ず「今日できたこと」があります。しかし、それを見つけてあげるのは、ほかの誰でもないあなた自身の仕事です。「今日できたこと」を発見することは、あなたがあなたのためにShow Upしているということです。

　Show Upすることは、それ自体がVictoryです。

なぜかというと、Show Up することはあなたの勇気と決断、そして実行の証しであり、Show Upそのものに、すでに祝うべき価値があるからです。

さあ、一緒にたくさんの勝利を祝っていきましょう。
Celebrate Every Victory!

すぐにチャンスに飛び込める
準備運動をしておく

もしも突然、憧れているものを手にするチャンスが与えられたとしたら、あなたは「待ってました！」とすぐに飛び込むことができますか？　それとも、あまりにいきなりすぎたら躊躇してしまいますか？　足がすくんで戸惑っている間に、そのチャンスは逃げていってしまうかもしれません。

日頃から少しずつチャレンジすることに慣れておくと、大きなチャンスが巡ってきたとき、後悔のない人生を歩むことができます。そして、チャンスに飛び込む準備運動は、今日から始めることができます。

演劇学校の2学期目。私は、一度だけ校則を破ってオーディションを受験したことがあります。演劇学校時代の校則は、「在学中はトレーニングに集中するためにオーディションの受験は禁止。最終学期に入ったらオーディションを受け始めてもよ

い」という規則でした。

　日本のミュージカル界を代表する演出家・宮本亜門さんが、幕末の黒船来航を題材にしたミュージカル『Pacific Overtures』（太平洋序曲）の演出でブロードウェイデビューを果たされたときの話です。

　亜門さんの作品のオーディションを受けられる貴重な機会、しかもアジア人を積極的に採用する作品です。これに受かれば一気にブロードウェイデビュー！と大興奮したことを覚えています。さらに、OPEN CALL（オープンコール）といって、アメリカのプロの舞台俳優が加盟するAEA（Actors Equity Association＝米国俳優協会）の会員でない私でも審査してもらえる、というまたとないチャンスでした。

　しかし、昼間のスケジュールは演劇学校の授業でびっしり埋まっていました。まだオーディション用の写真もなければ、履歴書もない。しかも、校則でオーディションは禁止されています。でも、「私がニューヨークにいる間に、ブロードウェイでこの作品のオーディションを受けられるチャンスなんて一体どれくらいの頻度で巡ってくるんだろう。受けなかったらきっと後悔する」と強く感じたのです。

　もし校則のせいにして受けなかったら、一生「あのとき受けていたら、私の人生はどうなっていたんだろう」と、勇気がなかった自分を責め続けるような気がしました。

　そして、クラスの合間を縫い、あらゆる言い訳を駆使してオーディションにShow Upしたのです。何度かコールバックもいただきました。

　アメリカには、Casting Director（キャスティングディレクター）といって、俳優を発掘してキャスト候補を集めオーディションを取り仕切ることを専門にする職業があるのですが、その方々と電話やＥメールでやりとりしたりオーディション用の課題を受け取ったり、何もかもが初めての経験でした。

　ちなみに結果はというと、不合格。しかし、ラッキーなことに学校にはバレませんでした（もしかしたらバレていたかもしれませんが、普段は皆勤賞だったので、先生方が見て見ぬフリをしてくださっていたのかもしれません）。
「思いきって受けてよかった」と心から思いました。

　結果は残念でしたが、その作品では、ボランティアでUsher（劇場案内人）になることで舞台を無料で観られました。開場前に俳優さんが舞台上でウォーミングアップをする様子まで見ることができたのです。
　開場後、お客様にPlaybill（公演のプログラム）を配布して、公演が始まったら２階席の階段の端に座って、アジア人俳優の先輩方の演技を食い入るように観ていました。「あの舞台にもし自分が立つとしたら」と、新たな角度から舞台を観ることもできました。自分がオーディションを受けた作品を観るという経験は、とても不思議なものでした。

Step Out of Your Comfort Zone.
その先には、必ず今より成長したあなたが待っています。

　学校に校則違反がバレるリスクを負いながらも、突然のチャ

ンスに思いきり飛び込めたのは、留学経験を通して日頃から慣れた領域を踏み出す練習をしていたからでした。それが、大きなチャンスに飛び込むための準備運動になっていました。日頃まったくComfort Zoneから出ていなかったら、いきなり重い腰を上げてチャンスに飛び込むことは難しかったと思います。

　そして、この大きなチャンスのために規則を破ることは、自分の決断に責任を持つ練習でもありました。ルールを破ったときのペナルティも承知した上での決断です。バレたとしても、誰のせいにもできません。100％自分の行動の責任を負う覚悟が必要でした。

　"Growth demands change."
「成長は変化から」
　私たちは、今までと同じこと、慣れたこと、経験済みのこと、得意なことだけをやり続けても、人生の変化を期待することはできません。
　あなたも、どんなに小さなことでもいいので「普段あまりしないこと」や「普通だったら選ばない選択肢」に、少しずつトライしてみませんか？　例えば、

　「普段は暗い色の服ばかりを着ているけれど、今日はちょっと明るめの色を着てみよう」
　「いつも顔を合わせるけど話したことのない○○さん、今日はちょっと声をかけてみよう」
　「コンビニでいつもサンドイッチばかり買っているけど、今日はおにぎりを買ってみよう」

なんでもいいんです。チャンスは、あらゆるところに潜んでいます。かくれんぼで遊ぶつもりで、日常の中に"Step Out of My Comfort Zone."を見つけてあげてください。

いざというときにチャンスに飛びつける瞬発力と勇気を、日頃から少しずつ鍛えておきましょう。その瞬間が来たとき、踏みとどまってしまって一生後悔することがないように。

踏み出す勇気は、筋肉と同じで、鍛えれば鍛えるほど強化されます。ジムに通う人がトレーニングを続けるうちに腕立て伏せが100回でも楽勝になるように、初めは「難しそう」と思うことも、繰り返すうちにラクになっていきます。でも、誰だって一夜にして腕立て100回ができるわけではないですよね？　まずは1回から。勇気も同じです。まずは一歩から。

さあ、今日のあなたはどんな一歩を踏み出しますか？
Step Out of Your Comfort Zone.
慣れた領域から踏み出しましょう。

行き詰まったら、旅に出てみる

あなたは考えすぎて頭がぐるぐるしたとき、行き詰まったと感じるとき、どうやって乗りきっていますか？

頭で考えすぎる代わりに体を動かして、視点を変え、心がワクワクすることに取り組むことで、思ったよりも早くその状態から抜け出すことができるかもしれません。

"Get out of your head."
「頭から脱出せよ」

　私はこれまで、悩みすぎて頭で解決できないとき、環境を変えて旅に出ることでインスピレーションを得て解決策を見つけ、その先の活力を充電してきました。旅することは、私にとって「頭の脱出作戦」でした。

　本書のプロローグにあるようにパリで友達と集合したり、インドにヨガ修業に行ったり、あえてオフシーズンの真冬に海辺のホテルに行ったり。まったく違う世界に触れると、自分の悩みが小さく思えたり絶対的だと思っていたことが実はそうでもないことに気づけたりします。
「このバゲット美味しいな。このフランスの街には、ニューヨークのオーディションで悩んでいる人なんていないよね。あ、このチーズも美味しい」と、自分の幸せの測り方を相対的に見直すことができました。必死にしがみついていた1つの物差し以外にも人生の喜びを感じる方法がたくさんあることを思い出すことができたのです。その前までは、相当にブラインダーをかけて猪突猛進していました（苦笑）。

　ブロードウェイやオーディションの会話ばかりに埋もれた日々を抜け出してインドに行ってみると、「私、ブロードウェイで働いています」と言っても「それは何？」という返答でした。あれだけ人生をかけて追い求めたキャリアも、彼らにとっては無意味です。当時は、美味しいチャイが20円、贅沢に奮発して

豆乳チャイにしても30円、ご馳走をたらふく食べて300円。お金の価値って何？　幸せの定義って何？と、価値観をまるごと問い直す機会になりました。

　日本で染みついた常識がニューヨークに来て一掃されたように、今度はいつの間にかニューヨークで当たり前になってしまった常識から抜け出すきっかけになったのです。

　悩んでいる環境から思いっきり離れてみると、一気に視点がズームアウトされるので、自分の抱えている問題のサイズも縮小されて気持ちもラクになりました。俯瞰すると、新たな解決法が見つかるものです。世界はもっと広くて、いろんな人がいて、いろんな価値観があって、私はそのほんの一部でした。今悩んでいることがすべてじゃない。

　旅は、考え方のアングルを変えて新鮮な目で解決策を見つけたいときに、とってもおすすめです。

　そのほかにも、演技のテクニックを使った「頭の脱出作戦」の方法をご紹介します。

　これは演劇学校の授業で学んだことですが、私たちは「〜しない」という行動を能動的にすることはできません。例えば、「考えすぎない」が私たちの目的だとしても「〜しない」というのは、アクティブな動詞ではありません。つまり、「考えすぎない」「食べすぎない」「携帯を見すぎない」といった「〜しない」を積極的に行うことはできないのです。

　「〜しない」ためには、その行動に取って代わる別の行動＝動詞を選ぶことが必要です。例えば、「携帯を見ない」を実行

しようとしてもなかなか難しいですが、代わりに「携帯なしで散歩に出かける」だとか、「料理に没頭する」「友達の話を真剣に聞く」など、別の行動をすることで、結果的に「携帯を見ない」という目的が達成できるわけです。

　つまり、「考えすぎない」を達成するために、「考えないようにする」という行動を積極的に実行することはできないのです。「行き詰まったな。頭がぐるぐるしているな」と感じたときには、ぜひ別の行動に没頭してみてください。特に体を動かすなど、あなたの心がワクワクすることに。
　「旅に出る」も、その選択肢の1つです。考えすぎを切り替える方法は十人十色、種類や方法に制限はありません。

　あなたならではの「頭の脱出作戦」を楽しみながら決行してくださいね。
　You are Unlimited!　可能性は無限大！

「参加できない」理由を自分で決めない

　可能性を確実にゼロにする唯一の方法は、あなたがShow Upをやめることです。あなたがShow Upする限り、たとえそれがどんなに小さくても、可能性はゼロではありません。

　オーディション生活が始まってからしばらくたち、オーディション日記の習慣で周囲を観察していると、おもしろい事実が見

えてきました。それは、アジアの国が舞台の作品に限って、アジア人俳優がオーディション会場を埋め尽くすのです。

　当時の私は、アジアの作品かどうかは関係なく、ありとあらゆる作品のオーディションを受けていて、いつもオーディション会場で顔を合わせる仲間がどんどん増えていました。でも、ほかのオーディションでは一度も会ったことのないアジア人のパフォーマーたちが、『王様と私』（タイが舞台）や『ミス・サイゴン』（ベトナムが舞台）のオーディションでは、一堂に集結するのです。

　オーディションの審査方法の1つで、希望者が多すぎる際に行われるTyping（タイピング）という方法があります。通常のオーディションは、ダンス審査の場合は多くて1時間に50人、歌審査では多くて20人程度しか見てもらえません。会場に何百人もの希望者が現れると、時間が足りなくなります。審査員と受験者両方の時間ロスを減らすために、本格的な審査に入る前に、作品が求めるタイプに合致するかどうかでざっくりふるい分けして受験者を絞る方法がTypingです。

　写真と履歴書だけでTypingされることもあれば、審査室に20人程度ずつ並び、一人ずつ名前を言って指定された究極に短いリクエストに応えることもあります。それは、例えばダブルピルエット（回転）だったり、ジョークを言って審査員を笑わせてください、なんてこともありました。たまに名前すら言わせてもらえずに、ただ立つだけということもありました。

　このTypingによって除外することをType Out（タイプアウト）といいます。例えば、ミュージカル『ヘアスプレー』の物語設

定は1960年代のアメリカ・ボルチモアです。時代背景がハッキリ限定されていて、黒人と白人という特定の人種間の差別の問題を扱うストーリーなので、私は写真と履歴書を提出しただけであっさりType Outされました。

　あとは、ショーガールのような背の高いパフォーマーを採用することで知られる演出家のオーディションでは、履歴書に記載されている身長によって多くの人がType Outされます。

　さて、アジア人パフォーマーの話に戻ると、このType Outを自ら率先して行っていたのが、その仲間たちだったのです。アジア人でブロードウェイを目指す人は少ないのかと思っていましたが、実はそうでもありませんでした。

　ただ、そうしたアジア人の多くは、自分たちがキャストされる可能性のある唯一のチャンスは、アジアが舞台の作品しかないと思い込んで、それ以外の作品は「どうせ無理だろう」と、最初から諦めていたのです。

　可能性が低いといっても、Show Upさえしていれば、わずかでも可能性はあったはずです。Show Upをやめた瞬間に、可能性は確実にゼロになります。ほとんどのアジア人パフォーマーは、自らの可能性をゼロにして、キャストされるチャンスから辞退していたのです。もったいないと思いませんか？

　でも、当時の私が「可能性はゼロではない」と思ってオーディションを受けていたかというと、そうではありません。オーディションのスキルを磨くことに集中していたので、受けられるオーディションにはとにかくShow Up し続けていただけです。そして、それこそが功を奏するのです。

　マイノリティであることをハンディキャップと捉えて嘆く仲間は数多くいました。実際に、アメリカでも演劇界でのダイバーシティへの取り組みは、まだまだ時間がかかっています。しかし、それでも当時から意識が高く、先見の明がある演出家やプロデューサーは、作品をユニークに際立たせるために、常に個性のあるパフォーマーを求めていました。

　そんな中でShow Upし続けていた私は、何もしてなくてもアジア人でいるだけで目立っていられました。マイノリティであることが、逆にアドバンテージになったのです。同じオーディションでも、自分の個性を不利と思ってShow Upするより、有利と思ってShow Upする方がよっぽど楽しく臨めました。

　結局、これまで実際に合格してオファーをいただいた作品のほとんどは、アジア人が登場しない物語でした。そして、キャストの中で私が唯一のアジア人俳優というお仕事がほとんどでした。『王様と私』や『ミス・サイゴン』以外の作品に出演しながら業界で長く経験を積んでこられたからこそ、いざブロードウェイで『王様と私』『ミス・サイゴン』が上演されるチャンスが巡ってきた際にもキャストしていただけたのでは、と思っています。そのほかにも、Show Upをやめないで経験を重ねることで、次々とミラクルが起こっていきました。

　Show Upした段階で、あなたの勝率は自動的に上がります。自分から可能性を辞退してはもったいないです。その場に行きさえすれば、Show Upさえすれば、確率はゼロでなくなるのですから。どんなに可能性がゼロに近くても、まずあなたが手

を挙げて立候補しなければ、お呼びはかかりません。まずは手を挙げることから。Show Upしていきましょう。

何にでも感動して、感謝をする

あなたは、最近どんなところで、何をしているときに感動しましたか？　音楽を聴いたり、映画を観たり、観劇に行ったり、友達と会話をしたり、誰といるときに（もしくは一人で）どのように心が動きましたか？

「感動」を英語で表現するとき、"Moved"や"Touched"という動詞が使われます。これは直訳すると「動かされた」「触れられた」という意味です。さて、何が動かされたり、触れられたりするのでしょうか？

それは、私たちのHeart（心）が動き、触れられたから感動するのです。日本語でも「感情」が「動く」から感動ですよね。そして、感情が住んでいる場所がHeartです。

私たちは、大人になるにつれて「感情的にならないように」と、いつの間にか心の動きを制御するようになっていきます。でも、心の動きを抑え、怒りや悲しみを抑えようとすることは、同じだけの喜びを感じるチャンスも手放すことになるのです。

心の動きを取り戻して、あなたが自らの心に対して自由にありのまま感じる許可をあげること、これが本書のコラムで紹介しているVulnerableになるということです。

　私に「人は、毎日感動することができる」と教えてくれたの
は、「88回目の正直」で合格したMSMT（メイン州音楽劇場）
でのインターンシップです。舞台作りの喜びを初めて体験し、
いつも私を初心に立ち戻らせてくれる、特別な思い出です。

　アメリカでは、Summer Stock（サマーストック）といって、
毎年5〜8月あたりに期間限定で劇場がオープンし、複数の作
品を上演する夏期公演があります。MSMTも、Summer
Stockを提供する劇場として、5月から8月までの3カ月間に5
作品を上演していました。

　私にとっては、初めてのミュージカルです。演劇学校でミュ
ージカルの勉強はしたけれど、実際に3時間のミュージカルの
舞台を作る、という経験は、これが生まれて初めてでした。

　3カ月間で5作品を稽古して出演するというのは、想像を絶
するペースでした。例えば、『キャッツ』を2週間で稽古して
開幕、その公演が始まった瞬間に次の作品『美女と野獣』の
稽古が始まります。昼間は『美女と野獣』の稽古、夜は『キ
ャッツ』の本番、それに加えてインターンとして俳優以外の部
門で仕事を手伝う義務もありました。

　アメリカでは、演劇やダンスなどのパフォーミングアーツが
義務教育に組み込まれています。俳優を目指さない人でも、み
んな中学校や高校でミュージカル作りを経験していて、多くの
作品に慣れ親しんでいるので、歌詞もそらで歌えるのでした。

　当時の私はどうだったかというと、王道といわれる作品もほ
ぼ初めて知るものばかり。2週間という短期間で歌詞を全曲覚
えてハーモニーも練習して、台詞も振付けも演出も……すべて

をやり遂げるだけでもかなり苦労しました。しかも、そのサイクルが２週間ごとに何度も繰り返されるのです（泣）。英語のコンプレックスどころの話ではありませんでした。ここでも、再び落第生としての日々が続きます。

　しかも、インターンの場合、ほぼゼロに近いお給料で、布団も枕もシーツすらもニューヨークから持参するので、スーツケースの半分が寝具で占められていました（笑）。インターン用の寮は４人で１部屋を共有し、寮から劇場へ移動する車もシェアしていました。それでも、あまりの劣等感と焦りから、誰よりも早く稽古場に行って準備をしたかったので、みんなが寝ている早朝に寮を出て、毎日片道４０分を歩いて通いました。

　そんな、華やかさとは無縁に見える条件でも、プロの環境で学べることが幸せで仕方がありませんでした。ブロードウェイで活躍している俳優さんも出演していたので、新人の私がそんな方と共演できることが奇跡みたいでした。たとえ１ミリだったとしても、ブロードウェイに近づいている実感が湧いて、舞い上がっていました。

　さらに、この３カ月間で俳優としての役割に加えて、インターンとして舞台作りのあらゆる側面を体験させてもらいました。衣装作り、セット作り、ペンキ塗り、小道具作り、劇場への搬入搬出、大道具を組み立てるための溶接まで体験させてもらいました。舞台を作るプロセスをさまざまな角度から経験でき、舞台は、一人では成り立たないこと、どの部門１つが抜けても完成しないこと、あらゆる才能が集まり、ともに作り上げる総合芸術だということを、身をもって学ばせてもらったのです。舞台作りのプロセスの楽しさをゼロから教えてくれたのが、

MSMTでした。

　ベテラン俳優の先輩方から間近で学ばせていただける機会は初めてだったので、とにかくなんでも吸収しようと、演技だけでなく稽古以外での振る舞い方なども目で追っていました。

　そこで共通して感じたのは、ポジティブなエナジーでした。目には見えないけれども、確かに共通して先輩方から放たれていると感じるものでした。それは決して無理に繕ったような明るさではなくて、一緒にいてとても居心地のよい「さあ、これから一緒にいい舞台を作っていこう」という、協力的で肯定的な姿勢でした。そんな先輩方から発せられる言葉も、やはり協力的で肯定的でした。すごい経歴をお持ちの方ばかりなのに、奢っている人は誰もいなかったのです。煌びやかなショービジネスの世界の裏にありそうな、おぞましい人間関係のイメージはいい意味で裏切られ、なんとも嬉しい発見でした。

　英語は、日本語より敬語が少なく、名前もファーストネームで呼び合うので、そうした言語や文化の特性も関係しているかもしれませんが、インターンの私ですら対等な同僚として常にフェアに扱ってくださったのです。私は新人としてどう対応していいか、とても戸惑いましたが、日頃から対等に接してくださったおかげで、舞台上での役同士の関係性も忠実に演じやすくなりました。私は大先輩をいじめる役だったのですが、変に遠慮して説得力に欠けるいじめ役にならずに済みました。

　これは後々知ることになるデータですが、アメリカでプロの舞台俳優が加盟する労働組合AEA（米国俳優協会）には、会員が約5万人います。ブロードウェイに立つ俳優さんは全員が

AEAのメンバーで、当時の私はまだ入会する資格がありませんでした。当時は入会のハードルも高かったのですが、劇団などとは異なり、AEAに入会したところで仕事は保証されません。

　AEA会員になることがプロの証しだとしても、実際にオーディションに合格して仕事の契約を勝ち取るのは、5万人の会員のうち約13%です。ブロードウェイや全米ツアーとなると、2〜4%というさらに狭き門です。そして、これはプロを目指す志望者の数を考慮する以前のパーセンテージです。プロ志望者は、Non-Equity（ノンエクイティ＝AEA非会員）と呼ばれていて、当時の私のようなインターンや、オーディションに挑戦中の、いずれはAEA入会を目指すすべての人のことを指します。

　長年業界で活躍してきた先輩方は、アメリカでオファーを勝ち取り仕事として舞台に立てることが一体どれほど奇跡的なことなのかを熟知していました。だからこそ、どんな仕事も決して当たり前に捉えず、常に感謝の気持ちをもって取り組んでいたのでした。実際にトップで活躍する俳優さんのコミュニティはとても狭く、一緒に仕事をするのが難しい、偉そうな態度の人は歓迎されず、業界では生き残れないのでした。

　その様子は、表面的に礼儀正しくするということではなくて、常日頃から自分が置かれている環境に肯定的なものを感じて日々を過ごしているようでした。

　感謝するということは、あることを当たり前に捉えずに、幸運なこととして嬉しいと感じること。そして、それが奪われるリスクも承知した上で喜ぶこと。つまり、感謝もVulnerableになることだったのです。

「感動し感謝することを、決して忘れてはいけない」

先輩方が背中で見せてくれた教訓でした。誰からも直接的な言葉で教わったわけではないですが、言葉よりも大きなインパクトで、私の心に刻みつけられたのです。

感謝は、「足りない」を「充分ある」という豊かな方向に変えてくれます。「まだブロードウェイに立てていないから不満足」ではなく、「プロの舞台に立たせてもらえるなんてラッキー！」と考え、「給料が低くて全然足りない」の代わりに、「（通常インターンは無償の劇場がほとんどなので）お金をいただいて舞台に立てるなんてラッキー！」と感謝する。

このように、同じ事実でもネガティブな捉え方からポジティブに感じさせる行動が、感謝することです。そして、現状を「充分ある」と感じられると、他者との競争から抜け出して、調和を生み出すことができます。

私は、先輩方がオープンなハートでつながってくださったから、それに大きな影響を受けて、その後の人間関係の築き方が変わり、人生が変わりました。同様に、あなたも家族や友人、同僚とハートでつながることができるのです。

感動も感謝も、まずは自らの心とつながるところから。

Let's create a Heart Connection.
ハートコネクションをしていきましょう。

「Vulnerable」になることの利点

"Vulnerable" になれることは、優れたリーダーの資質でもあります。私の敬愛するブロードウェイの大御所も、まさにVulnerable になれる人でした。

今回のコラムでは、Vulnerable のパワーを活かして、リーダーとして、ブロードウェイの歴史に残る数々の名作を生み出してきた演出家であり振付家の Graciela Daniele（グラシエラ・ダニエル）をご紹介します。彼女は、「グラッチ」という愛称で親しまれています。

パフォーマーとしても、『シカゴ』初演でのハニャック役など、数々のブロードウェイ作品に出演された方で、彼女の作品に出演したおかげで、私は AEA 会員になる資格を取得し、プロの仲間入りをすることができたのです。

グラッチは、アルゼンチンはブエノスアイレスの出身です。稽古場まで移動する車中で彼女の隣りに座った際、当時ブロードウェイで上演されていたミュージカル『エビータ』（アルゼンチンが舞台）について質問しました。すると、「ああ、エビータね。彼女は、私が小さい頃バレエ学校によく顔を出していたわ」と、ミュージカルではなく、実在の歴史上の人物であるエバ・ペロンとの思い出話を始めたのでした。「さ、さすが生きるレジェンド……」と、啞然としたものです。

彼女の第一言語は、スペイン語です。そのため、訛りもあれ

ば、英語が不自由な瞬間もあります。でも、それを気にする様子は一切なく、たまに言葉に詰まっても、みんなの前で大きな声で「これは英語でなんて言うの？　私にはわからないわ。しょうがないでしょ、だって、私の第一言語じゃないから」と、ガッハッハと笑い飛ばして稽古場を和ませるのでした。英語に対するコンプレックスで悩んでいた当時の私にとっては、彼女のオープンさはとても気持ちよく、励まされました。不完全さを受け入れ、自分らしさを晒せる勇気がうらやましくて、「私もあれくらい開き直れるようになりたい」と思ったものでした。

　私は、まだ英語が完璧にできない自分を、"I am Not Enough."「私は不充分」と捉えていました。
　Vulnerabilityを研究しているブレネー・ブラウン氏は、この「私は不充分」という欠乏感の対極にあるものが、"I am Enough."「私は充分」という充足感であり、"Wholeheartedness"であると述べています。これを私の独断と偏見で意訳すると「ハートが欠けない生き方」です。

To feel is to be vulnerable.
何か感じるということは、Vulnerableになるということです。

　ポジティブな感情もネガティブな感情も、すべての感情をありのまま感じた上で「自分には本質的に価値がある」と肯定できること、これがハートが欠けない生き方なのです。
　自分に価値があると捉えられると、まわりにも肯定的な影響を与えられます。もしもグラッチがリーダーとして「私は英語が完璧でないので……」と遠慮して自己否定する姿勢でいたと

したら、果たして彼女と一緒に仕事をしたいと思う人はどれくらい現れたのでしょうか？

　完璧主義は、恥や批判から私たちを守ってくれると思われがちですが、そこにはVulnerableになる隙間も、可能性の生まれる余地もありません。

　完璧を目指していつまでも "Not Enough" と感じて生きる人生は、今という瞬間を100％肯定できず、今を値引きして生き続けることになります。例えばそれが30％引きなら「70％しかない今」が積み上がった結果が未来になってしまいます。

　値引きした今が積み上がる未来と、100％まるごと肯定できる今が積み上がる未来、どちらがより豊かな未来でしょう？あなたは、どちらの未来を選びますか？

　ハートが欠けない生き方とは、今を大切に生きることです。

You are worthy. You are Enough.
あなたは、ありのままで充分価値があります。

　そして、これを感じるためには、Vulnerableになることが必要不可欠なのです。

　いかがでしょう？　私たちが人間らしく生きる上でVulnerableになることがいかに大切なコンセプトかが、伝わったでしょうか？

Chapter

4

一度は夢破れた私が、
ニューヨークに戻ってブロードウェイの舞台で
夢を叶えるまで

Tokyo to
Broadway

　久しぶりに目の当たりにするニューヨークという街の
あまりの自由さに、足がすくむ。

　この章は、日本に戻った私が、再び夢に挑戦するた
めにアメリカに渡り、ついにブロードウェイの舞台に立
つまでの話。

　日本では、劇団四季に3年間在籍した。そして、あ
る衝撃的な体験を経て、もう一度アメリカに渡って再
挑戦する覚悟を決めるのだった。

　日本の演劇界でトップとされる劇団での安定したポジ
ションを捨て、再び異国の地でなんの保証もない夢に
向かってチャレンジする決断。その人生のターニング
ポイントで、私の決意を明確にした"ある問いかけ"が
あった。

　日本ではほとんど舞台に立っていなかったので、俳
優として本格的なトレーニングを再開しよう、そう思っ
ていた頃、思わぬ壁に突き当たる。

「日本は息苦しかったから、ニューヨークに戻ったら
絶対すぐラクになる!」と高をくくっていたのに、3年
間の東京生活で、自分がまわりの目を気にして同調す
るようになってしまっていたことに気がつく。こんなに
も自由なニューヨークの街で、私はまるで翼をがんじ
がらめにされた鳥のように、すっかり思い通りに羽ばた

けなくなってしまっていた。

　もともと肌が弱かった私は、ストレスとニューヨークの乾燥した気候で、顔が真っ赤に腫れてしまった。化粧もできないくらい痛かったので、外にも出たくない。アパートに閉じこもる日々が続いた。

　ようやくレッスンに通い始めるようになったある日、バレエの先生に「足なんてね、心が軽くなれば上がるのよ」と言われて、ハッとした。足がすっと上がったそのときが、どれだけ自分で自分を押さえつけていたのかに気づけた瞬間だった。

　再渡米の際は、観光ビザで入国し、レッスンを受けながら就労ビザの手続きをしていたから、まだ正式には仕事が受けられない状況だった。でも、オーディションは無料のレッスンだ。Show Upをやめる理由はない。同時に、オーディション日記も再開した。

　あなたの翼は今、どんな状態ですか？
　束縛されて身動きが取れない状態ですか？　それとも、ピクピクと少しずつ羽を広げ始めていますか？　あなたの翼をばっさばっさと大空で羽ばたかせられるように、少しずつ自由に解放していきましょう。

体に表れる反応は、
自分の本当の心の声だと知る

　あなたは、ストレスが溜まりすぎて体調を崩したことがありますか？　そんなとき、そのまま無理をして押しきるのか、それとも体の声に耳を傾けて回復のために休むのか。もしかして、それが人生の分かれ道になるかもしれません。

　体と心は密接につながっています。体をおろそかに扱えば心も衰え、逆に心の声を無視しても体が代弁して叫んでくることがあります。日頃から心と体の声に耳を傾けられると、小さなシグナルをキャッチできるので、大きなトラブルにも至らず、なおかつ大胆な決断もしやすくなります。

　私も、心の声に自分自身が背を向けて聞き入れない時期に、体の反応で気づかせてもらうことが何度もありました。

　アメリカ生活が５年目に入ったとき、ビザの問題に直面して一時的に日本に帰国をすることにしました。それから３年間、劇団四季に在籍することになるのです。

　もともとは俳優として入団したのですが、実際に演者として舞台に立っていたのは３年間のうち１年程度でした。そのほかは、アメリカでの経験を買われ、通訳や翻訳、演出助手として数々の作品に関わらせていただきました。

　日本で初演となったミュージカル『Spring Awakening（春のめざめ）』には、翻訳家と演出助手として開幕までの約11カ

月間関わりました。開幕日には、劇団四季創設者の浅利慶太先生に「再び演出助手として次の作品の視察のためにロンドンに飛んでほしい」と頼まれました。そのような重要な役割を任せていただけるのはとてもありがたかったのですが、私の中ではこのまま俳優としてのキャリアを終わらせていいのか、本当に翻訳家、そして演出助手として続けたいのか、この先どうしたいのかが自分でもハッキリしていませんでした。

　そんな中、決定的な出来事が起こったのです。

　2009年8月、渋谷のBunkamuraオーチャードホールでのことです。『コーラスライン』というミュージカルが、アメリカ人俳優のキャストを連れて来日公演を行うことになりました。そこには、かつてMSMTで共演した仲間たちの名前もありました。懐かしい顔に会いたくてチケットを取り、舞台を斜め上から見下ろす、舞台に向かって右側の2階席から見守りました。『コーラスライン』という作品は、ブロードウェイを目指す俳優たちのオーディションの様子を描く作品です。キャスト全員がダンスの振付けを必死に覚える場面からスタートします。そして、いよいよ審査が始まります。合図となるカウントで、緊張感が一気にピークに達します。

「ファイブ、シックス、セブン、エイト……！」
　トランペットのメロディが高らかと響く中、キャストが全力で踊るエネルギッシュなシーンから、劇が始まりました。私の友人もすぐに見つけることができました。
　そして次の瞬間、私の体にある変化が起きたのです。

突然、両目からドバッと涙が溢れてきました。まったく予期していなかった事態に、自分自身でも戸惑いました。

「な、なんで涙が……」

　涙腺決壊とはまさにこのことか、というほど、堰を切ったように涙がこぼれたのです。あまりに止まらないので、とにかくティッシュを探さねばと焦って、足元のカバンからティッシュを取り出し必死に涙を拭おうとするのですが、涙も鼻水も止まりませんでした。ちなみに、この冒頭の場面は、通常はそれほど泣くようなシーンではありません。隣に座っていた方にとっては、私の行動は相当怪しく映ったに違いありません（苦笑）。

　そして、そのときあることに気がついたのです。

「私は、本当は彼らみたいにパフォーマーとしてブロードウェイの舞台に立ちたいんだ。ずっと自分の気持ちに蓋をして、心に嘘をついてしまっていたんだ……」

　大量の涙は、「心の声に耳を傾けよ」という体からの警告でした。通訳や翻訳、演出助手として劇団のお役に立てることはとても名誉なことでしたが、パフォーマーとしてはまだやりきっていない自分がいました。舞台に立ちたいという自分の本当の気持ちを、あまりに長い期間心の奥に封印し、無視し続けたので、とうとう体が痺れを切らしてシグナルを送ってきたのです。体の声は心の声。この警告以来、自分の心に嘘をつくのはやめようと決心したのでした。

「ブロードウェイにもう一度挑戦しよう」

もちろん、挑戦したところで、すんなりブロードウェイの舞台に立てる保証などは一切ありません。まして、それで食べていけるのか。もしかしたらオーディションに1つも受からないかもしれない。夢が叶わない理由を挙げればキリがありませんでした。そこで、ある問いかけをしたのです。
「もしも明日が人生最後の日だったら、私は何を後悔するんだろう?」

　そこには明確な答えがありました。
「もしブロードウェイに再挑戦しなかったら、私はそれを後悔する」

　私には、結果をコントロールすることはできません。でも、チャレンジするかしないかだけは、私の選択で100%コントロールできます。もしこのまま挑戦しないで一生後悔しても、それは誰のせいにもできない。チャレンジしないことを決めるのは、ほかの誰でもなく私自身なのですから。

　こうして再びアメリカに渡り、ブロードウェイへの再挑戦がスタートしたのでした。それ以来、何か大きな決断で迷ったときは、頭で言い聞かせるよりも体の感覚を大切に、心で決めるようになりました。私たちの体は、毎日数々の信号を送ってくれています。涙も大切なシグナルです。涙は、つい泣き虫や弱虫というイメージになりがちですが、そこにはあなたの本当の気持ちが潜んでいます。私たちは、無意識のうちに「もう大人なんだから泣くな。弱いところを見せてはいけない」というプレッシャーをかけられています。でも、あなたの正直な気持ちに本気

で向き合えることは、本当の強さなのです。

　さあ、あなたの心と体の声に深く耳を澄ませましょう。
Listen Deeply.

その観覧席に座っているのは誰か？

　あなたは、まわりの目や批判が気になることがありますか？
　批判を恐れる存在の正体を突き止め、自分自身との関係性を明確にできると、周囲からの影響を受けずにチャレンジを続けられます。

　2009年に劇団四季からの退団を決意し辞表を提出したのですが、そこで浅利先生からお呼びがかかりました。その場では、もし劇団に残った場合の待遇、そして劇団を辞める理由についても話し合いました。その日の夜、スケッチブックに筆ペンで、次のような日記を残しました。

　2009年10月13日。今日は、浅利先生と話をつけてきた。「お前はアメリカで俳優としては絶対にやっていけない」と言われた。どこかで私の闘志を燃やそうとしてくれている親切心からなのかもしれない……物事は捉え方次第！　これは、私が最近つくづく思うこと。南

　私が尊敬する浅利先生でも、私の人生を予言することはでき

ませんでした。もしもあのときに言われたことを信じてチャレンジを諦めていたら、その後のブロードウェイへの道も拓かれなかったのです。

　それでも、劇団四季で過ごした3年間は決して無駄ではなく、とても貴重な経験でした。翻訳や演出助手の仕事など、俳優の仕事から一度離れたからこそ、改めてパフォーマーとしてチャレンジしたい気持ちに火がつきました。もしなんの壁にも直面せずアメリカに残っていたら、ブロードウェイにたどり着くまでガッツを持って挑戦を続けられなかったかもしれません。

　劇団四季から提示していただいた条件は非常にありがたいものだったのですが、それを理由に演出助手として劇団に残っていたとしても、きっと長続きしなかったと思います。なぜなら、すでに自分の心に嘘をついていることに気づき、体が警告を発していたからです。

　ここで、セオドア・ルーズベルト米大統領が辞任後の1910年にパリで行った演説の有名な一節を引用します。

　アリーナに立つ戦士
「批判する人間に価値はない。戦士のことを『あいつはこう転んだ。こうしたらもっとうまく戦えたはずだ』などと粗探しするような傍観者は、どうでもよいのだ。『英雄の勲章』は実際にアリーナに立って戦う人間のものだ。その戦士の顔は埃、汗、血にまみれ、それでも果敢に戦い続け、間違いをおかし、あと一歩というところで惜しい思いを何度も何度もする人間である。なぜならば、努力には間違いも欠点もつきものだからだ。それ

でもひたすら戦い、大いなる情熱と尽くす心をもって、大義のために捧げ、最高の瞬間には勝利という達成感を味わい、たとえ最悪の瞬間が失敗だとしても、彼らは少なくとも果敢に挑戦したのだ。従ってアリーナに立つ戦士とは、勝利も敗北も体験したことがない非情な臆病者とはまったく比較にならない別次元に生きる人間である」セオドア・ルーズベルト

　このスピーチで示されるアリーナとは、あなたがチャレンジに臨む場所です。観客の視線が注がれる中、結果はコントロールできないと承知した上で、勇気をもってShow Upする舞台です。そして、あなたはそこで果敢に戦う戦士です。
　そのアリーナから遠く離れた非情な臆病者が座る場所を、Cheap Seats（安い観覧席）といいます。そこに座る人々は、たとえ戦士に何か起きたとしても、まったく責任を負う必要がなく、ノーリスクでヤジを飛ばせる傍観者のことです。そして、実は私たちが恐れている意見や批判のほとんどは、この安い観覧席の人々によるものなのです。

　もしかしたら、あなた自身が観覧席から揶揄しているから、アリーナで身動きが取れなくなっているのかもしれません。そして、まわりの意見や批判を気にするのは、うまくいかなかったときに「あの人にそう言われたから」と、自分以外の人を指さして責めることができるからかもしれません。しかし、実際にアリーナであなたに何かが起きたとき、果たしてその観覧客たちは責任を取ってくれるでしょうか？

　アリーナに立って戦うのは、ほかの誰でもないあなた自身で

す。あなたがアリーナにShow Upすることは、その選択に100％の責任を持つことです。

　いかがでしょう。あなたが批判を恐れていた存在との関係性に、何か発見はあったでしょうか？

　あなたには、今日からアリーナに Show Upする選択肢があります。アリーナに立つか、観覧席にとどまるか、その選択は、It's up to you.　あなた次第です。

今できないことより、
自分にしかできないことを探す

　捉え方を180度転換させると、感じ方も逆転させることができます。コンプレックスを個性に、悩みすらも勝因に。逆転の発想で、あなたにしかできないこと、あなただからこそできることを見つけ、新鮮な視点を手に入れると、それはチャレンジを楽しく続けるための追い風となってくれます。

　念願のAEAの会員になり、いよいよ本格的にプロとしての挑戦が始まりました。オーディションの競争相手のレベルも、一気に上がります。ブロードウェイを含めたプロの契約を勝ち取ってきたAEA会員のパフォーマーたちと肩を並べてオーディションを受ける日々が始まったのでした。

　アメリカには、AEA会員を採用するプロフェッショナルのための劇場が各地に点在しています。オーディションはほとんど

の場合ニューヨークで行われるため、わざわざオーディションのために地方に行かなくていいことは、とても便利でした。さすがプロの俳優が集結する街、ニューヨーク！

　ある日、ノースカロライナ州にある劇場がプロデュースするミュージカル『シカゴ』のオーディションを受けました。30人程度ずつスタジオに入り、一斉に振付けを教わります。審査に入ると1グループ当たり4人ずつ名前が呼ばれて、学びたての振付けを披露します。演出家から「何か特技があったら聞かせてほしい」というリクエストがあり、各グループの踊りが終わるごとに演出家が履歴書を見ながらそれぞれにメモを加えていきます。私は「特技?!　歌って踊って演技ができるだけじゃダメなの?!」と、不甲斐なく感じていました。

「大した特技はないな……」とヒヤヒヤしている間に、とうとう私の番が来てしまいました。審査員の視線が痛いほど突き刺さり、それでも何も言葉が出てきません。咄嗟に、冗談半分で「ま、日本語なら話すけど?!」と言ってみたのでした。すると、ドッと笑いが起きたのです。「きっとコールバックはないけれど、笑いを提供できただけでも来た甲斐があったかな」と、次のオーディションのために会場を後にしました。

　ところが、その夜にコールバックがあったのです。しかも、次の審査は翌日。課題として、登場人物6人分のモノローグ（長台詞）が渡されました。今回の演出家のビジョンは、1920年代当時のシカゴの文化を大いに反映させたい、というものでした。振付けも1920年代にアメリカで流行っていたダンス（チ

ャールストンなど）を取り入れ、衣装やメイクもその当時の流行りに忠実なデザインになるとのことでした。

さらに、台詞もシカゴ訛り。つまり、課題のモノローグもシカゴ訛りを準備してきてほしいと言われたのです。「ひえ～、標準の英語でも難しいのにシカゴ訛りなんて……しかも審査は明日。指示通りにモノローグを必死で練習してもいいけど、このままでは勝ち目はない……」。英語に対するコンプレックスは、ここでもしっかりついて回ったのです。そしてそのとき、大きな転機となる問いかけが頭に浮かんだのです。

"What is it that only I can do?"
「私だからできることってなんだろう？」

その瞬間までは、自分ができないことばかりを気にして落ち込んでいましたが、それを180度裏返してみたのです。「私にしかできないこと」に着目してみることにしました。

「オーディション会場で私が日本語をしゃべるって言ったとき、みんな大笑いしていた。それは、私が唯一の日本人だったから。登場人物のハニャックという役は、劇中唯一の外国人で、英語を話さない役。その役がもしも日本人だったら……」

まずは好奇心から、リサーチを始めました。私のアイデアは、演出家のビジョンに沿うことができるのか、1920年代のシカゴの歴史、背景をインターネットで調べ始めたのです。すると、当時のシカゴにはすでに日本人のコミュニティがあったということがわかりました。花嫁としてアメリカに移住した日本人女性も多くいました。これなら話の筋は通る。「1920年代に日本人は

シカゴに住んでいた」という事実を証明する資料を印刷し、蛍光ペンで線を引きました。

　ハニャックは、ハンガリー人の役です。劇中でもほとんどハンガリー語しか話しません。その台詞の英訳を見つけ、それをさらに日本語に訳しました。東京での翻訳の経験が、ここで役に立ったのです。準備した日本語のモノローグとリサーチした資料を引っさげて、オーディション会場に向かいました。

　「こんにちは。今日は課題のモノローグも用意しましたが、ハニャックのモノローグを日本語でも準備してみました。聞いてもらえますか？　ちなみに、1920 年代のシカゴにも日本人は住んでいたそうです。その事実をリサーチした資料も持参しました」
　"Let's hear it."「ぜひ聞かせてもらおう」

　結果は、大正解。日本語でのモノローグが終わり、一呼吸の沈黙をおいて、演出家が一言 "Genius." とこぼし、喜んでくれたのでした。後日、正式にオファーを受け、日本人の役として出演することができました。
　アメリカの演出家と俳優の関係性は、とてもフェアです。演出家は作品のビジョンをより鮮やかに実現するためにコラボレーションできる仲間を探しています。俳優の豊かなアイデアや個性も活用しようとするので、ただ指示待ちで演出家の言いなりになるような俳優ではなく、常に正直な意見や大胆なアイデアを持ち込めるクリエイティブな人材を求めています。
　劣等感を逆手に取り、すでに自分が持っているものを、まずは私自身が肯定的に捉え、それを外に提示していくことで、受ける側の印象と結果が大きく変わりました。

「英語をネイティブで話せない」というコンプレックスを、「私は日本語をネイティブで話せる」と肯定的に捉えて、その個性をアピールしたことで、演出家に最高のアイデアとして受け入れられ、コラボレーターとして作品作りに大いに貢献することができたのです。

この『シカゴ』に合格するまでのストーリーは、私にとって重要な転機となりました。それまでは、自分ができないことばかりに注目して自信をなくしがちでしたが、それを一蹴するきっかけとなったのです。これを機に、オーディションの合格率も上がりました。それは、必ずしも毎回この『シカゴ』のような発想を使ったわけではなく、基本的な自分との向き合い方にシフトが起きたからでした。

コンプレックスにすら肯定的に向き合う姿勢を持つことで、どのオーディションにも自信を持って臨み、それがポジティブなエナジーとして外に表れるようになったのです。

どんなに逆境と思える状況でも、捉え方次第でチャンスはいつもすぐそばにあります。コンプレックスがとっておきの個性となり、あなたにしか放てない輝きにもなり得るのです。

"What is it that only I can do?"
「私だからできることってなんだろう？」

あなたにしかできないこと、あなただからできることは、必ずあります。すぐには見つからないかもしれませんが、ぜひこの問

いかけを続けてみてください。

自分の心にチェックインする

　あなたは、朝、目が覚めてまず何をしますか？　枕元にある
スマホに手を伸ばしてSNSやEメール、ニュースなどをチェッ
クするでしょうか。起きたばかりの朦朧とした頭に最初に飛び
込んでくる情報が暗く悲しいニュースだと、私たちのムードは
一気にその色に染められ、気持ちが乱されやすくなります。
Noise（雑音）に溢れる外の世界とつながる前に、まず自分自
身の心身の状態をチェックしてから一日をスタートさせると、安
定した気持ちで過ごせるようになります。

　これを、私は「心のチェックイン」と呼んでいます。チェッ
クインは、日本語だとホテルなどで受け付けするときに使うイメ
ージがありますが、英語では、家族や友人に「元気？　最近
どうしている？」と声をかけてあげることも"Check In"です。
同様に、あなた自身のハートに「今どうしている？」と聞いてあ
げることが、「心のチェックイン」です。
　朝に限らず一日を通してこれをマメにできるようになると、自
分の些細な変化をキャッチできるので、ムードやパフォーマン
スがまわりに左右されにくくなり、気持ちの切り替えや軌道修
正も上手にできるようになります。

　私が「心のチェックイン」の習慣を本格的に取り入れるよう

になったのは、2012年から約1年半出演したディズニーのブロードウェイミュージカル『メリー・ポピンズ』の全米ツアー公演でした。

　AEAの契約にはピンからキリまでさまざまな種類がありますが、初めてProduction Contract（プロダクション・コントラクト）と呼ばれるブロードウェイと同種の契約をいただけたお仕事でした。出演料などの条件がブロードウェイとほぼ同じであるだけでなく、ツアー公演は非課税の生活費まで出してもらえます。この作品は、当時ニューヨークのブロードウェイでも同時に上演されていたので、ツアー公演のキャストがそのまま引き抜かれてブロードウェイのキャストに招かれることもありました。「ひょっとしたら私もこれでブロードウェイデビュー!?」と、さらに期待が膨らんだものでした。結局、この『メリー・ポピンズ』でブロードウェイの舞台には立てませんでしたが、着実に一歩近づいたという実感がありました。

　ツアー公演は、肉体的にも精神的にも過酷でした。1年半の公演期間でアメリカとカナダの北米54都市の劇場を回り、千秋楽までに約450回出演しました。巨大セットを支える鉄製の硬い舞台の上でタップやバレエの振付けを踊ったり、重い衣装にヒールの靴で走り回ったりと、身体的な負担も大きい作品でした。怪我人も続出し、あえなくツアーを去るメンバーも多く、そのたびに新しいキャストが加わり、頻繁な入れ替わりが最後まで続きました。

　週8回の公演のスケジュールは、たいてい毎週6日間（火曜〜日曜日）で8回の公演を行い、唯一の休演日である月曜日は、飛行機で次の都市へ移動します。何もしないで体を休められ

る休日は、ほぼありません。毎週移動を繰り返すスケジュール
で、住む町も、ホテルの部屋も、眠るベッドも、食べる場所も、
何もかもが変わり続ける1年半でした。ホームといえるものがな
いので、気持ちもとてもぐらつきやすい環境でした。

　そんな状況でも、毎朝、「心のチェックイン」で気持ちを整
えることで、千秋楽まで出演し続けることができました。もしも、
連日の移動と本番の疲れから心がソワソワしたまま、あの硬い
鉄の舞台で踊っていたら、きっとあっという間に怪我をしてい
たと思います。

　毎週月曜日、新しい都市に移動すると決まって最初に調べる
ことがありました。それは、自然食スーパー、マッサージか鍼
の診療所、日本食レストラン、そしてヨガ教室です。ヨガとの
出会いは2003年、演劇学校でウォーミングアップとしてヨガ
を教わりましたが、本格的に毎日の生活に取り入れるようにな
ったのはこのツアー公演中でした。北米54都市を巡業中、各
都市で、おそらく50近いヨガスタジオを訪れました。

　その後みるみるヨガに魅了され、2016年にはヨガ講師の免
許を取るためヨガの聖地・インドのリシケシへ1カ月間の修業
に行きました。ヨガを通して自分の心と体に丁寧に向き合う練
習を重ねるうちに、毎朝の「心のチェックイン」が習慣となっ
たのです。

　以前は自分の中で決まったウォーミングアップがあったので
すが、同じウォーミングアップをしても、舞台上で必ずしも毎
回同じ結果が得られないと気づくようになりました。ウォーミン
グアップの目的は、あくまで最終的に舞台上で最高のパフォー

マンスをすることなので、そのためにウォーミングアップをカスタマイズして調整するようになりました。

　その調整のために欠かせない最初のステップが、「心のチェックイン」で自分の現状を正確に知ることでした。ある目的地に向かおうとしたとき、現在地が間違っていれば目的地までの正確なルートを算出することはできないですよね。それと同じで、今の自分の心と体の状態を知らないと、どんなウォーミングアップをしても、必ずしも自分の求めるパフォーマンスは得られないと気づいたのでした。それまでは現在地を無視していたので、見当違いなウォーミングアップでエナジーを使い果たしてしまい、本番で力を発揮できないこともありました。

　次第に、毎朝ホテルの部屋を出る前に必ず「心のチェックイン」をして、自分の心と体と向き合うようになっていったのです。気持ちが沈んでいたり眠たかったりしたときはエネルギッシュな呼吸法や運動で目を覚ましてムードをアップし、いつもより疲れているときは無理にエナジーを使い果たさないように必要最小限の筋トレで体を起動させ、ゆっくりストレッチをしたり瞑想したりして集中力を引き上げることを重視しました。

　それでは、一度「心のチェックイン」を一緒にやってみましょう。手順は以下の通りです。

1. お腹と胸に手を当てます
2. 目を閉じます
3. 呼吸と心臓の鼓動に意識を向けます（呼吸によるお腹の動き、鼓動の速さや強さを実感してみてください）
4. 大きく息を吸って吐きます

5. 心の状態をチェックします（自分自身に「今、どう感じている?」と問いかけます）
6. 大きく息を吸って吐く
7. ゆっくり目を開けます

　これがベーシックなやり方です。
　5番目のステップでは、自分の心に今の正直な気持ちを聞いてあげてください。リラックス、イライラ、塞ぎ気味、緊張など、よい悪いではなく、ありのままの心の状態を観察してみましょう。誰のためにも繕わない、あなただけの正直な気持ちです。もしかしたら、涙が出てくることもあるかもしれません。それもそのはず、あなたの本当の気持ちを聴くことは、Vulnerableになる瞬間でもあるのですから。

　「心のチェックイン」は、いつでもどこでも1つの大きな深呼吸から始められます。トイレに行くときや、数秒でも静かに一人になれる瞬間に実践できます。一日を通して頻繁に行えば行うほど、こまめに気持ちの舵取りもしやすくなります。あなたのハートとの完全にプライベートな瞬間を作ってあげてください。これもセルフケアの1つです。
　この習慣があると、どんなに低いコンディションからでも、最高のパフォーマンスに調整していくことができます。

　「心のチェックイン」は、自分自身のためにShow Upして、自分の心と正直に対話することです。
　Let's keep showing up!
　ショーアップを続けましょう。

苦しいときは、BIG WHYに立ち戻る

　突然ですが、あなたにとって「成功」の定義はなんですか？

　仕事、学校、家庭、友情、恋愛……何をもって成功とし、どんなときに「成功している」と感じますか？

　成功の定義が変わると、人生のチョイスも大きく変わります。その定義次第では、自分を苦しめることも、逆に今日から喜びを感じることも可能です。自分にとっての成功の定義を知ることは、人生の優先順位を見直すチャンスにもなります。

　私の成功の定義も、これまで何度も更新を続けてきました。以前の定義の中では、大きな挫折も味わいました。しかし、その挫折がきっかけでブレークスルーすることもありました。ブロードウェイ俳優というと「成功した人」として扱っていただくことがありますが、そのプレッシャーに自分自身を追い込んで苦しんだ時期もありました。職業や肩書を私自身の定義、そして私そのものの価値と勘違いしていたからです。

　これは、念願のブロードウェイデビューにあと一歩まで近づいたときの話です。

　ブロードウェイが近くなればなるほど、私は「ブロードウェイ俳優」という肩書を手に入れることに執着しすぎて、力んでいました。ブロードウェイ俳優になることこそが成功の定義であり、「ブロードウェイ俳優にならなければ私の価値はない」とまで思い込んでいたのです。肩書に固執して、思いつくことはすべて実践していました。しかし、あるオーディションで、すぐ手の

届く範囲にオファーが来たところで落とされてしまい、そのチャンスを逃してしまったのです。

　その挫折で緊張の糸が切れ、電池が切れてしまったように思考が停止し、心が痛くて重くて苦しくて仕方がない状態に、約９カ月間も陥ってしまいました。体も悲鳴を上げて、何もしていないのに手の皮がむけてしまうほどでした。表情も硬くなり、しばらくは笑顔が消えてしまいました。

　その頃に、自分の中で成功の定義をもう一度見直したのでした。そして、私は感情面の充実を無視していたことに気がつきます。あと少しで手が届くから！と、息を止めて堪えるように自分の感情をないがしろにしていました。頭が認める「外面的な成功」に対して、心が納得する「内面的な成功」を考慮していなかったのです。

　オーディションにShow Upしたりレッスンに行ったりすることは、私自身でコントロールできました。でも、それによる結果は自分ではコントロールできません。つまり、私はコントロールできないものに自分の価値や成功の定義を委ねて、自分で自分の首を絞めていたのです。

　私たち人間は、ロジカルなプログラミングだけでは運営されていません。感情も重要な要素なのです。世間から見て立派なことばかりを追いかけていても、感情的な充実がともなわないと走り続けることは難しく、いずれガタがきてしまいます。

　ブロードウェイ直前での挫折をきっかけに、感情面での充実、つまり、内面的な成功に焦点を当てるようになりました。

鍼の先生などたくさんの方々のサポートを受けながら、自分が
これまで目を伏せてきた感情、心の痛みやプライドの高さを直
視して、少しずつ受け入れる練習をしていったのです。瞑想で
Vulnerableになって自分のありのままをのぞいてみると、大粒
の涙がボロボロボロボロこぼれて止まりませんでした。

　ここまで心が折れてしまうと、もう自分と向き合うことを避け
ては通れません。そうして瞑想する日々を続ける中で、やがて
すべてを手放せる日が来たのでした。ある日、建前ではなく心
の底から「13年間がんばって追いかけてきたけれども、もし一
生ブロードウェイ俳優になる夢が叶わなかったとしても、それ
で自分を否定するのはやめよう。ありのままを受け入れてあげ
よう」、そう言える日がやってきたのです。

　"Surrender."
　「人事を尽くして天命を待つ」

　自分自身にかけてきたプレッシャーやプライドといった心の鎖
から自分を解き放つことができた瞬間に、全身からふっと力が
抜ける感覚がありました。
　不思議なことに、初めてのブロードウェイのオファーは、ま
さにそのタイミングで降ってきたのでした。

　"Let Go."　「手放そう」
　この"Let"とは、「〜させてあげる」という意味です。
　"Go"は、「行く」ですね。つまり、行かせてあげる、手元か
ら離れる許可をあげることです。
　ギュッと握り締めていた拳を緩めて放すように、自分自身を

苦しめているものをそっとLet Goの小舟に乗せて手元から送り出してあげること。すぐに視界からは消えないかもしれませんが、手放すことを選ぶことに意味があります。とても勇気のいる決断ですが、きっと心が軽くなります。

　そして何よりも素敵なボーナスは、Let Goすることで空いたスペースに新しい風が吹き込み、可能性が広がることです。

　もう1つ、この挫折を機に気づかせてもらったことがあります。それは、外面的な成功に気を取られているうちに、いつの間にか自分にとってのBIG WHY（大きな理由）を忘れていた、ということでした。

　そもそも、なぜブロードウェイを目指そうと思ったのか。そのBIG WHYは、あのMSMTのインターンシップで体験した純粋な舞台作りの喜びでした。あのワクワクがいつも私を駆り立ててくれたはずなのに、いつの間にかプロセスを楽しむことを忘れて、結果に執着するようになっていたのです。

　MSMTのときは、インターンとしてあんなに下っ端でも、ほぼ無給で、4人1部屋で雑魚寝で、通勤が片道徒歩40分でも、あのときの私は文句なしに最高に幸せでした。そして、一瞬一瞬を精一杯生きていて感謝の気持ちに溢れていました。実は、あのときすでに内面的には大成功を収めていたのです。

　にもかかわらず、ブロードウェイに近づくうちに、その成功を完全にどこかに置き去りにしていたのです。

　喜びから始まった道のりは、いつの間にか二手に分かれ、外面的な成功を追う道に向かってしまっていたのです。そして、自分の価値まで結果や肩書に結びつけてしまったのです。

BIG WHY は、あなたが苦しんでいるとき、困難な状況を乗り越えるために感情面で支えになってくれます。あなたの人生の道しるべとなる、ワクワクする感覚や喜び、感動、その気持ちと二人三脚で前進できるとき、あなたは内面的な成功を忘れずにチャレンジを続けることができます。

「これをしたらみんなにすごいと思われるから」と選ぶ道は、どれだけ立派に見えても、苦しい局面で挫折しやすくなります。なぜなら、私たちは内面的な成功なしでは長続きしないからです。もちろん意見は人それぞれですが、「〜を手に入れないとダメ」「〜になるまで、私には価値がない」。これでは、私たちはいつまでたっても心豊かな人生を送ることはできないのではないでしょうか。

「〜が達成できたら幸せになれる」と、生きる喜びを味わうことに条件をつけて毎日を祝うことをお預けにするなんて、もったいない時間の使い方だと思いませんか？

あなたの「成功」の定義はなんですか？　それは外面的な成功ですか、それとも内面的な成功ですか？

It's up to you.　そのチョイスは、あなた次第です。

Column 4

How to embrace vulnerability

「Vulnerable」になるためには？

　このコラムでは "Vulnerable" になることの大切さを述べてきましたが、では、どうしたら私たちはVulnerableになることができるのでしょうか？　そのためには、人と人とのつながりについて知る必要があります。

　コラムの最後は、Vulnerableでないと実現不可能な、人間同士の真のつながりについてです。Vulnerabilityを研究しているブレネー・ブラウン氏は、次のように述べています。

　「私たちは、生まれつきつながるようにできている。つながることが存在する理由であり、生きる希望と目的を与える。もしも人生の目的を明確にし、意義深い精神生活を求めるのならば、そこにたどり着くための道がVulnerabilityである」

　つながることは、私たちにとって必要不可欠なことです。そして、ブラウン氏は「羞恥心とVulnerabilityに対する恐怖感は、私たちを真のつながりから妨げる」とも述べています。

　私は、ブロードウェイで『マイ・フェア・レディ』に出演中、俳優をまとめるリーダー役であるダンスキャプテンというポジションを任されていました。それまでは主に白人男性が指名されてきた職務で、私のようなアジア人女性、しかも外国人が起用されることは非常に稀なことでした。

「私に務まるのだろうか？」という不安もありましたが、コラム3に出てきたグラッチの姿を思い出し、リーダーだからこそ、自分を完璧ではないと認め、特に意識して人間らしさ、つまりVulnerabilityを大切にすることを心がけました。

　この作品は全体的にキャストの年齢層が高く、ベテランの俳優が勢揃いしていました。そして、普段は踊ることを要求されないような大物でも、舞台上でワルツを踊ることが求められる演出でした。中にはダンスが得意でなく、踊りになると急に自信をなくす人もいました。不安な気持ちや恥ずかしい気持ち、まさに各自のVulnerableな部分が露呈されたのです。

　しかも、ワルツは2人で踊るダンスです。ダンスが苦手な大物俳優同士が、自分のプライドと恥と格闘しながら週8回も踊り続けるというのは、至難の業です。人間関係にも大きな負担がかかり、みんなピリピリしていました。人間関係のこじれから、舞台上の演技にまで影響が及ぶ事態が起きたのです。

　しかし、アメリカでは俳優同士のダメ出しはエチケット違反です。問題があるたびに、判断を任されている私のもとに来て一緒に解決方法を探りました。すでに顔も見たくないほど不仲になってしまった2人に、ポジションについてもらいます。

　ワルツはお互いにまっすぐ向き合うところから始まりますが、彼らはそれが少しズレていました。そこで“Can you stand face to face?”「面と向かって立ってもらえますか？」と指示すると、少し警戒した表情でむずむずしています。しかし、別のフレーズを使った瞬間、様子が一変します。

　“Can you face Heart to Heart ？”
「心と心を合わせるように向き合ってもらえますか？」

指示している内容は変わりません。ただし、リクエストで使用したフレーズを「顔」から「心」に変えてみたのです。すると、彼らのガードがほろっと外れ、それまでのピリピリした空気が和らぎ、ぐっと協力的な姿勢に変わったのでした。

「やっぱり私たち人間は、心からつながることを求めているんだ」と強く感じた瞬間でした。

　"Heart to Heart"は、自分の心と相手の心がつながることです。しかし、その前に、私たちはもう1つの心とつながる必要があります。それは、自らの心とつながることです。そして、それこそがVulnerableになるということなのです。

　このコラムの最後に1つ、私が尊敬する経済学者の女性からのメッセージをご紹介します。

　「仕事に求められるもの、それは昔は【筋力】だった。現在は【知性】が重要とされている。しかしこれからは【心】が最も大切になる」ミノーシュ・シャフィク（世界的に著名なイギリスの大学、ロンドン・スクール・オブ・エコノミクスの学長）

　あなたは、あなたの心と向き合っていますか？

　Vulnerableになることは勇気のいることですが、その先にはきっと、あなたの想像以上に豊かな人とのつながり、そして無限大の可能性が待っているはずです。

Chapter 5

ニューヨークが教えてくれた
最高の自分の見つけ方

Expanding Possibilities

Expanding
Possibilities

　さあ、いよいよ最終章です。ここまで読んできてい
かがでしたか？　新しい発見はありましたか？　この章
では、これまでさまざまなエピソードを通してお伝えし
てきたメッセージを、今後も活用しやすいように、繰り
返し使える4つのステップとしてまとめます。

　このメソッドは、ブロードウェイの作品作りから学んだ
プロセスを土台として、生活の中で実践しやすいよう
に体系化したものです。これまでも、セミナーや講演
会などを通して、あらゆる分野の方々にお伝えしてき
ました。

　その4つのステップとは、①LISTEN（傾聴）、②
EXPLORE（探求）、③ACT（行動）、④PROMOTE
（昇進）です。頭文字を合わせて、私は「LEAP（リー
プ）」と呼んでいます。LEAPとは、英語で飛躍すると
いう意味。一緒に可能性を飛躍させていきましょう！

　私たちは人間ですから、調子のいいときも悪いとき
もあります。天気によって気分が左右されたり、食事
によって体調が影響を受けたり。舞台が生き物と呼ば
れる理由は、日々変化している人間同士が集まり作り
上げるからです。その波を否定せず、元気なときもそ
うでないときも、ありのままを受け入れてどんな現在地
からでも着実に可能性を広げていくことができる方法

が、この4ステップ「LEAP」です。

①Listen「心と体の声に耳を澄まし由来を問う」

②Explore「遊び心で探求する」

③Act「勇気をもって行動する」

④Promote「進歩を祝い未来に融合させる」

　私が主宰する『YU-project』のYUは、"You are Unlimited."の頭文字を取ってのYUなのですが、この4つのステップにも、それぞれのYUが隠されています。「由」「遊」「勇」「融」という私からの願いを、各ステップのシンボルとして1つ1つの漢字に込めています。

　焦らず、あなたのペースで、あなたらしく人生を開拓していきましょう。
　Let's have fun!　楽しみましょう!

Broadway式　可能性を飛躍させる4ステップ "LEAP"

Listen	**E**xplore	**A**ct	**P**romote
ウォーミングアップ	稽古	本番	パーティータイム！

進歩を祝い
未来に融合させる

勇気をもって
行動する

遊び心で
探求する

心と体の声に耳を
澄まし由来を問う

融

勇

遊

由

4つのYUをLEAPする！

---

①LISTEN：傾聴する

　最初のステップは、"LISTEN"です。

　演劇でいうところの、ウォーミングアップですね。自分の中にある「由来」や「理由」を知るために、心と体の声に耳を澄ましてみましょう。

　実は、このステップは、4つのステップの中で最も重要なステップです。同時に、あまりにシンプルだからこそ、私たちが見落としやすいステップでもあります。最も時間をかけて、頻繁に訪れることをおすすめします。

　このステップは、「心のチェックイン」から始まります。Chapter4の「自分の心にチェックインする」でも詳しく説明していますが、朝、目が覚めたときベッドの中で、または起き上がってすぐ（携帯をチェックする前）に、目を閉じて、お腹と胸に手を当てて深呼吸しながら、自分自身の心と体に「今、どう感じている？」と話しかけてあげてください。

　そのほかにも、ゆっくり時間をかけて自分のために美味しいお茶を入れたり、日記を書いて今感じていることを正直に書き出したり、自分と向き合う時間を作ることで、あなたの「現在地」を把握する段階が、この① LISTENのステップです。あなたの心と体の状態を観察し、ありのままを受け入れるトレーニングをしていきます。

　舞台作りでも、まずは各自で自分の状態をしっかり把握して心身を起動させなければなりません。もしウォーミングアップなしで稽古や本番に臨んだとしたら、最高のパフォーマンスができないだけでなく、怪我をしてしまうかもしれません。

　私自身も、この① LISTENは、最も頻繁に訪れます。チャレンジをしているときでも、迷ったり落ち込んだりしたときは、ここに立ち戻ります。これができるようになると、心も体も感覚が研ぎ澄まされるので、直感も鋭く働きやすくなります。また、周囲の声に左右されずに、真に納得のいく決断ができるようになります。

　たとえ今はまだ目指す方向がはっきりしていなくても、さまざまな選択肢の中で「なんだかよくわからないけど、おもしろそう

だな」と、興味をそそられるときが来るはずです。それこそが、心からのサインです。あなたの心をコンパスにして、ぜひワクワクする方向を選んであげてくださいね。

　①LISTENの合言葉は、"Heart Connection"です。自らのハートとつながって、現状をありのまま、肯定的に受け入れることです。

　あなたは日頃、自分自身にどんな話し方で、どんな言葉で声をかけていますか？　これもぜひチェックしてみてください。「できるよ！」と「そんなの無理に決まっている」とでは、どちらがモチベーションを高めやすいでしょうか。大切な友達に声をかけるように、自分自身にも話しかけてあげてください。「自分自身にどんな言葉をかけるか」は、私たちの感情に変化を起こし、行動にも影響します。そして、その行動が現実を変え、あなたの人生を形作ることになります。

　『メリー・ポピンズ』の舞台では、劇の終盤に出演者全員で歌う『Anything Can Happen If You Let It』という、私自身も大好きな曲があります。直訳すると「何事も起きる、あなたがそれに許可を与えれば」ですが、私の意訳は「君がYesと言えば、どんな奇跡も起きる」です。

　"Let It"とは、「いいよ」と言ってあげること。誰かに認めてもらったり許可をもらうことを待ったりする代わりに、まずはあなたが今日から自分自身に許可してあげてください。心と体を自由に解放して、可能性も自由に解放してあげましょう。

Let's begin with a Heart Connection.
まずはハートコネクションから始めましょう。

---

②EXPLORE：探求する

「LEAP」2つめのステップは、"EXPLORE"です。

　演技でいうと、稽古の段階ですね。稽古には、遊び心をもって臨みましょう。

　"EXPLORE"とは、日本語で「探求する」ということです。自分の可能性を探求するために必要不可欠なのが、遊び心、英語で"Play"の心です。

　Playは、実は演劇の世界でもよく登場する言葉です。この単語には、「遊ぶ」という意味のほかに、名詞として「お芝居、戯曲」という意味もあるからです。稽古の段階でみんながさまざまなアイデアを出し合い、楽しく探りながら一緒に舞台を作り上げていきます。

　たまに稽古中に真剣になりすぎた表情をしていると、演出家から"It's only a play!"「所詮お芝居、そして遊びでしょ！」と、Playの意味を両面から思い出させてもらうことがあります。遊び心はコラボレーションにおいて欠かせないスタンスなのです。

　真面目な性格の人にとっては、特に仕事においては「遊ぶ＝ふざける＝よくない」というイメージがあるかもしれません。

しかし、遊ぶことは子どもだけの特権ではなく、誰もがいくつになっても人間として心豊かに、ポジティブに可能性を広げるための必要不可欠なステップです。

　では、遊び心を育てるためには、どうしたらいいのでしょうか。ここで、想像力をかきたて五感を刺激するいくつかの具体的な方法をご紹介します。ただし、遊ぶ方法も無限大です。ここで挙げるやり方に縛られずに、自由に楽しむ気持ちを大切にしてくださいね。

　●「初めてトライする」人になる：
　食事や入浴など、普段の生活を生まれて初めて体験するとしたら？　あなたが赤ちゃんや宇宙人だったとして、どのようにその行為に臨み、どんな感想を持つでしょうか。

　●別環境にワープする：
　あなたの今立っている地面が突然、雲になったとしたら？泥沼だったら？　砂浜だったら？　あなたは、足の裏にどんな感覚を覚え、どのように歩きますか。

　●何かに変身する：
　今この瞬間、あなたの全身がマシュマロになったとしたら？または『オズの魔法使い』のカカシになったとしたら？　あなたの体の感覚にどんな変化が表れ、どう動きますか。

　あなたの想像力も体の感覚もフル稼働させて、新たな発見を楽しんでみてください。また、特別な場所でなくても、日常

生活の中にも遊びのチャンスは溢れています。

●反対でチャレンジする：
　普段の生活を、利き手・利き足ではない方でやってみましょう。歯磨き、戸締まり、着替えなどなど。さあ、どんなおもしろいことが起きるでしょう？

●空を観察する：
　空を見上げ、いつもより時間をかけて観察してみましょう。雲はどんな形をして、どのように動いていますか？　想像力を広げると、何かのイメージが表れませんか？

●自作のゲームで遊ぶ：
　鼻歌で作曲する、横断歩道を白い線だけ踏んで渡る、赤いシャツを30人見かけたら自分に赤いシャツを買うなど、「くだらない！」と思うようなことこそ、むしろウェルカムです。

　私たちが楽しく遊びを探求していく中で、それを妨げてしまう邪魔者には要注意です。それは、私たちが自ら覆い被せてしまうリミッターです。これをしっかり取り除いてあげることで、私たちは果敢にチャレンジができます。

　②EXPLORE の合言葉は、"The sky is the limit." です。直訳すると「空が限界」です。しかし、実際に空には限界があるでしょうか？　空は、果てしなくずっと宇宙まで広がっていますよね。空自体に限界がないので、「私たちに限界はない」という意味になります（英語ならではの表現なので、ちょっと伝わり

にくいかもしれません）。

　つまりは、「空に限界がないように可能性は無限大！」ということです。無限大の可能性のお手本として、空はいつでもどこでも私たちを見守ってくれています。私たちは落ち込んだときについうつむきがちですが、そんなときこそ、ぜひ空を見上げて、このフレーズを思い出してください。

　そして、この言葉を信じる大人が増えれば増えるほど、次の世代の子どもたちも無限大の可能性を当たり前に受け入れられるようになるのではないでしょうか。「子は親の背中を見て育つ」といいますが、どんなお説教よりも「大人が何を信じて今をどう生きているか」こそが、何よりも多くを語ると私は思います。私自身が影響を受けたメッセージのほとんども、言葉ではなく、先輩たちが背中で見せてくれた生き方でした。

　The sky is the limit.
　空に限界がないように、可能性は無限大です！

　もしもあなたの人生に一切制限がないとしたら、あなたは何をしたいですか？　どこで誰と毎日どのように感じながら生きていきたいですか？

　You are Unlimited!　可能性は無限大！

③ACT：行動する

　可能性を飛躍させる4ステップ「LEAP」の3つめは、"ACT"
です。

　演劇でいうと、いよいよ本番です。さあ、勇気をもって行動
に移しましょう。

　①LISTENでウォーミングアップして現在地を把握し、②
EXPLOREの稽古で楽しみながら可能性を探り、いよいよその
アイデアを実践に移すときがやってきました。どんなに完璧な
プランも、行動なしでは結果につながりません。私たちが
Show Upして行動するからこそ、現実が変わり、人生が変わ
ります。

　③ACTの合言葉は、"Step Out of Your Comfort Zone."
です。慣れた領域から、一歩踏み出すときがやってきました。

　③ACTは、日常生活の中で普段と少しでも違うことにトライ
するところから始まります。練習を重ねながら徐々に踏み出す
歩幅を大きくしていくことで、次第に大きなチャレンジに飛び込
む勇気も鍛えられます。

　例えば、もしもあなたが英語を上達させたいと思っているな
ら、まずは今日覚えた単語を声に出して発音してみましょう。
それに慣れてきたら、今度は少し長い文章を声に出す練習を
してみます。頭だけでなく声に出して体を巻き込んでいくことで、

英会話力もアップしやすくなります。

　さらに踏み出すとしたら、英語のネイティブスピーカーの知り合いを作って、会話の練習をしていきましょう。今は言語交換など、オンラインでもさまざまなチャンスがあります。英語がネイティブでない友人同士で「英語だけでどれだけ会話できるか」というゲームを試してみるのもよいですね。

　毎日の服装でも、踏み出す練習はできます。普段あまり着ないような色を選んだり、心が弾むアイテム（アクセサリー、ネクタイ、靴下、メイクなど）を加えてみたり、いつもの組み合わせの代わりに違う要素を1つでも選ぶことは、立派な“Step Out of Your Comfort Zone.”です。そのほかにも、

●普段読まないジャンルの本を読んでみる
●食べたことのない種類の料理店に行ってみる
●いつも顔を合わせるだけの人に挨拶をしてみる

　どんなサイズの一歩でも、慣れた領域から出る練習をしておくと、さらに踏み出しやすくなります。

●苦手に感じている人とも、しっかり目を見て話す
●ずっと抱えていた悩みを信頼する人に打ち明けてみる
●会議で納得がいかないとき、手を挙げて異論を唱える

　さらに大きく踏み出すとすれば、

●転職先を検索して、応募してみる

●気になっている人をデートに誘ってみる
●まったく新しい分野の勉強を始めてみる

　突然大きく踏み出すことは難しく感じても、今できることに少しずつ取り組んでいくことで、着実に行動力と勇気が身につき、徐々に大きな決断ができるようになります。

　私が『YU-project』を発足したのも、学生たちが勇気をもって踏み出した一歩がきっかけでした。
　2014年、金沢大学の医学生が研修でニューヨークを訪れ、そのとき初めて開催したセミナーをきっかけに『YU-project』は誕生しました。セミナーが始まったとき、学生たちは緊張していて表情が硬く、黙り込んでいました。英語の語彙力はすでに充分あるはずなのに、間違いや失敗に対する恐怖心が邪魔をして、誰も発言をしませんでした。
　しかし、始まって5分もたたないうちに状況は一変します。音楽を流して体を動かすエクササイズからスタートし、アップテンポの音楽に合わせて横に一歩動いては手を叩くというシンプルな動きを一緒にしてもらいました。
　最初は恥ずかしそうにしていた学生たちも、次第に体と心がほぐれ、表情もどんどん明るくなっていったのです。最後には、まだまだ話し足りない、というほどに英語での交流を楽しんでいました。間違いに対する恐怖心を乗り越えて、コミュニケーションの喜びを味わうことができたのです。

　この変化のすべては、学生たちが勇気をもって慣れた領域から踏み出し、体を動かすというアクションから始まりました。こ

れまでやったことのない変な動きだけれども、思いきってトライしてみることで新しい世界が広がったのでした。

いくら英語を上達させたいと願っていても、声に出さなくてはいつまでたっても話せるようにはなりません。成長は変化から。勇気をもって一歩踏み出すからこそ、現実は変わるのです。

ずっと頭の中でモヤモヤしているものも、体を動かすだけで驚くほどあっさり解消されたり、突破法を見出したりすることができます。こればかりは、体感していただかない限りは伝えられません。ストレッチでも散歩でも、少しでも体を動かして、モードが切り替わる感覚を体験してみてくださいね。

実際にそうした体験をされた方の声をご紹介します。

「問題は、違う次元から（頭でなく、体から）解決する。実際に体を動かしてみて、心が軽くなるのを感じました、体を使って自分を表現することはすごくおもしろいと思ったし、自分に可能性を感じました」（Erikoさん、会社員）

最初は少し躊躇するかもしれませんが、踏み出すことで新たな自分との出会いが待っています。慣れた領域から勇気をもって踏み出す一歩が、あなたの人生を変えていきます。

さあ、あなたの願望がプランで終わらぬよう、その一歩を踏み出していきましょう。

④PROMOTE：昇進する

「LEAP」最後の４つめのステップは、"PROMOTE"です。

　これは、演劇の世界に例えるとなんだと思いますか？　もう本番は終わったのに？　もちろん、本番の後のパーティーを忘れてはいけません。どんなに小さくても進歩を祝い、その進歩をワクワクする未来に融合させていきます。

　"PROMOTE"の意味は、「昇進する」です。といっても、別に役職や地位が上がることを指しているわけではありません。

　ブロードウェイでは、舞台が開幕した直後に、必ずお祝いのパーティーをします。仮にその舞台が大ヒットしなかったとしても、どんな結果でも必ずお互いの努力を労い、その後の活力につなげていきます。ポジティブにShow Upすることで、新しい縁やチャンスも表れやすくなります。

　③ACTで勇気をもって行動したことを、この④PROMOTEでしっかり承認し、自分の糧になるようにプラスに捉えます。肯定的な見方を選ぶからこそ、モチベーションにつながり、仮に失敗したとしても、これまでの努力を無駄にせずに、失敗を進歩として未来に融合させていくことができます。

　具体的には、小さなVictory（進歩、成長、できたこと）を、日記やスマートフォンにメモしたり、なんなら単純にガッツポーズをして「やったー！」と声に出したりするだけでも効果があります。自分自身に対して「私はこれを進歩、勝利と捉えている」というサインを送ってあげることが大切なのです。

そのほかにも、「こんなに働いたのに、まだ仕事が山積みだ〜」と思う代わりに、「ずっと働き詰めだったから、マッサージに行って体をケアしよう」という選択肢を選ぶことで、努力をしっかり労い、健やかな未来に向かうことになります。

　勤勉な日本人にとっては、この④PROMOTEは見落とされがちなステップです（その分、伸びしろがあるともいえます！）。せっかくがんばって行動しても、その結果が望ましいものでないと、自己否定をしてしまうからです。しかし、それでは今までやってきたことが糧にならず無駄になってしまいますよね。
　自分の進歩を自分で祝えるか祝えないかで、その先の可能性の広がり方に大きな差が生まれます。

　これまで指導してきた若手俳優の中にも、とても才能があるのに、私がフィードバックを渡す前から自らを酷評して徹底的に打ちのめしてしまう、というケースがありました。そうやって自信をなくしていくと、もともとできたことすら次第にできなくなる、という悲しい事態が起きてしまいます。できたところをしっかり認めてポジティブに積み上げていたら、きっと大きく羽ばたけたはずなのに。
　③ACTでどんなに勇気を振り絞って行動しても、その結果をどう捉えるか、この最後のステップができるかできないかで、その先が大きく分かれるのです。

　④PROMOTEの合言葉は、"Celebrate Every Victory."です。どんな進歩も祝いましょう。

　私も、もしオーディションに落ちるたびに「やっぱり私はダメ人間」と自己否定していたら、きっと10回くらいで諦めてしまい、Show Upも長続きしなかったでしょう。

　選ばれなかった87回のオーディションにShow Upを続けられたのは、その1つ1つにVictoryを見出して、自分の糧にしたからでした。私はこの小さなVictoryを重ねることを「ポジティブの積み木」と呼んでいます。得たものが仮に高さ0.1ミリメートルの極小ブロックだとしても、それを投げ捨てずにプラスとして積み上げていけば、着実に高くなっていくのです。

　しかし、今あなたはこう思っているかもしれませんね。「そうはいっても、どんなときでも前向きに考えることなんて無理だよ」と。そんなときには、あなたの中にすでに備わっている素晴らしいパワーを思い出してほしいのです。それは、あなたの「選ぶ力」です。

　このパワーについて、私は演劇学校で学びました。それは「私たち人間は誰しも一瞬一瞬、選択をしている」という事実を知ることから始まります。それが無意識に思える選択でも、起きている間に選択をしない瞬間はない、と。

　例えば、お芝居の中で、何かを言われて「怒る」という場面があるとします。このときの「怒る」は、その人物らしい選択です。絶対ではありません。同じことを言われても、別の対応をする選択肢は、常に存在しています。数々の選択肢の中から何を選択するかが、人物像を浮き彫りにします。演劇学校では、こうしてさまざまな登場人物がどんなときにどんな選択をする人間なのかを事細かに学び、研究していました。

このテクニックは、演技だけでなく、私たちの毎日の生活でも大いに応用できるものです。あなたが一瞬一瞬どんな選択をするのかが、あなたらしさを形作るのです。つまり、選ぶ力を思い通りに使えるようになればなるほど、自らの感情も人生の舵取りも上手になるのです。

　逆に言うと、その選ぶ力を使いそびれてしまうと、感情に振り回されやすくなります。何かが思い通りにいかないとき、すべてを相手のせいにすることは、つまり選ぶ力を放棄しているということです。

「自分の感情をもっと上手にコントロールしたい！」「まわりに流されず自分の人生の舵を取りたい！」と思うなら、意味付けや捉え方の段階で、選ぶ力を駆使しましょう。

　少しテクニカルな話になりましたが、伝わったでしょうか？あなたには、すでに素晴らしいパワーが備わっています。あなたの選ぶ力をフル活用して、どんな努力も勝利として祝い、ワクワクの未来に融合させていきましょう。

　You have the power to choose.
　あなたには選ぶ力があります。

　この④PROMOTEのステップでしっかりお祝いした後は、再び①LISTENに戻ります。グレードアップした新たな現在地から、①〜④のサイクルを続けていきましょう。その都度、あなたは最高のバージョンに更新されていきます。

さて、4つのステップを通してご紹介した「今日から始める Show Up の習慣」はいかがでしたでしょうか?

　これらのステップで、あなたの可能性が無限大に広がり、最高の自分を見つけられるお役に立てれば幸いです。

　You are Unlimited!
　可能性は無限大です。

Epilogue

「これが人生最後の舞台になるかもしれない」

2017年、『ミス・サイゴン』のカーテンコールで舞台に立ちながら、私はそんなことを考えていた。

『ミス・サイゴン』の役は、約1年という長い期間にわたり繰り返し行われたオーディションの末につかんだチャンスだった。

このオーディションは、2015年、私のブロードウェイデビューとなった『王様と私』の出演中に受け始め、何度もコールバックがあった末に、一度は落とされている。かなり少人数まで絞られた段階でのカットだったので、事務所を通して理由を問い合わせてもらった。すると、「ミナミはこの作品のタイプじゃない」と言われた。「おいおい、タイプじゃないならなぜ何度もコールバックをくれたんだ」とも思ったが、今回は『王様と私』のときのように、ボロボロには絶対にならないと決めていた。

心の声と体の声を無視してまで強引にアタックすることは、もうやめたのだ。

今回の『ミス・サイゴン』は、ブロードウェイで待望の初再演ということもあって、プロデューサーも気合が入っていた。あれだけ人数を絞った後に、今度は

LA、サンフランシスコ、カナダ、そしてフィリピンと、世界中にサーチの幅を広げてオーディションを再展開したのだ。

　ニューヨークには、世界中から毎年約1万人が俳優を志して引っ越してくるらしい。この街のレストランのウェイターやウェイトレスのほとんどが俳優志望、現役俳優、もしくはかつて俳優を目指していた人たちだといわれている。もちろん、私もそのうちの一人だった（寿司屋のアルバイトで、おしぼりもまともに丸められず、先輩にも随分迷惑をかけたものだ）。

　そんなニューヨークに集まる世界トップレベルの才能でも満足できず、世界中でオーディションを再び開催するとは……この作品にかける期待の高さに驚かされた。

　「AEA会員としてこの国でプロの仕事を勝ち取れるだけでも奇跡なのに、私が『王様と私』でブロードウェイの舞台に立たせてもらったのは、やっぱりミラクルだったんだな……」

　『王様と私』のオーディションで学んだように、今回もしがみつかずにLet Goして手放すことを決め、この先の人生について視野を広げて見直し始めた。

　「私はこの先、何をしたいんだろう」

私の人生の優先順位は、以前とは確実に変わっていた。「心と体を犠牲にしてまで自分を見失うようなキャリアの追い方はもうしない」

　これまで何度もヨガに救われてきたので、一度はしっかり勉強してみたいと思っていた。そして、2016年の『王様と私』閉幕後、インドにヨガの修業に行く計画を立て始めた。未知の世界に思いを馳せ、胸が躍った。
　しかし、旅に出る直前の8月に、突然『ミス・サイゴン』のオーディションに再び招かれた。ちょうどその時期に開催されていた2016年リオデジャネイロ五輪に出場していたアメリカの体操選手、アリー・レイズマンの姿に感銘を受けていたので、彼女の本番に臨む姿勢を模範として、オーディションに挑もうと決めた。リオ五輪が最後のオリンピックとなったアリーは、最終演技である床運動の試技が終わった瞬間、結果が出る前にすでに号泣していた。
　「私も、アリーのように結果ではなく、自分の実力を出しきることに集中しよう。そして、その達成度をこのオーディションの物差しにしよう」
　朝から夕方まで、約6時間にわたるオーディションの末、自分のできる限りを尽くし、私にとっては納得のいくオーディションとなった。結果に対するコントロー

ルは私にはない。あとは天命に委ねるのみ。

　そして、まさかのオファーを受けることになる。

　そんな奇跡に奇跡が重なった『ミス・サイゴン』の
舞台は、毎公演を自分の最後の舞台だと思いながら
臨んだ。カーテンコールのたびにお客様に感謝の気持
ちを届け、同時に祈った。「この奇跡に、心から感謝
しています。あとはすべてを委ねます。私の歩むべき
道を示してください」と。

　この公演は、1年間の期間限定で、閉幕は2018年
1月14日だということがすでに決まっていた。公演中、
ほかのキャスト仲間は昼間にオーディションを受けに行
っていたが、私はまったく受けていなかった。オーディ
ションからずっと駆け抜けてきたからか、公演が終わ
った後のことが考えられず、ある意味で放心状態だっ
た。私の中で、何かが変わっていた。

　しかし、閉幕日のちょうど1カ月前、12月14日に、あ
るオーディションに招かれた。それは、ブロードウェイ
デビューを飾らせてもらったリンカーンセンターでの
『マイ・フェア・レディ』のオーディションだった。そ
のときと同じクリエイティブチーム（演出家、音楽監督、
振付家）が手がけるとのことで、お声をかけてもらった
からには、せめて挨拶だけでもさせていただこうと、

オーディションに向かった。案の定、温かいハグとともに、笑顔で迎え入れてくれた。

　そして、後日オファーの電話が鳴る。
『王様と私』『ミス・サイゴン』は、両方ともあれだけ長いオーディションのプロセスを経てやっとたどり着いたのに、このオファーはすっと手元に入ってきたのだった。

　"Let go to let in."
「手放すから手に入る」とはこういうことなのかもしれない。

　そしてこのとき、ふっと誰かの存在を強く感じた。それは、数年前にこの世を去った私の叔母である「久子おばさん」だった。彼女は、私の親戚の中で初めて海外に出た人で、社会人として自立した後に単身イギリスに渡り、残りの人生をロンドンで過ごした。この久子おばさんは、生前から「永遠に28歳」という扱いだったので、小さい頃からずっと「おばさん」ではなく「マミー」と呼ぶことになっていた。
　そのマミーが異国の地で英語を覚えるために繰り返し観た映画が、『マイ・フェア・レディ』だったのだ。マミーが、「まだ舞台でがんばりなさい」と、天から背

中を押してくれたように感じた。

　『マイ・フェア・レディ』の公演が始まってからも、不思議なことが起きた。私が演劇学校で前髪を上げるきっかけになった、あるモノローグがある。そのセリフは、『マイ・フェア・レディ』の原作でもあるバーナード・ショーの戯曲『ピグマリオン』の一節で、まったく同じセリフが今回の脚本にも残っていたのだ。1年間、マミーの大好きな作品に出演しながら、毎公演、あの「前髪事件」でVulnerableな本当の自分と出会わせてくれたモノローグを、舞台裏のスピーカーから何度も何度も聞くことになる。

　人生とは、本当に不思議でおもしろい。一見まったくつながりのないバラバラの出来事が、ある日突然1つの線で結ばれ、ぐるっと円を描いたりする。
　空から見守るマミーの存在を感じながら、「ありがとう」と何度もつぶやいた。

おわりに

　最後までお読みいただき、どうもありがとうございます。

　ニューヨーク、そしてブロードウェイからの GIFT を楽しく受け取っていただけましたでしょうか。もしもこの本を通してあなたが心の声に耳を傾けて、勇気ある一歩を踏み出すきっかけになるのならば、著者としてこれ以上の喜びはありません。

　今、あなたの心は何を囁いていますか？

　それは、あなたにしか聞き取ることができないメッセージです。もしもまだ何をしたいのかわからない、やっぱりこの先が不安、何か答えを見つけなくては、と焦っているとしたら、ぜひその囁きを聞き漏らさないように耳を澄ましてあげてください。あなたが、あなた自身と正直な対話ができたときに、真の答えが見つかります。

　私たちは人間なので、成功している人を見たらうらやましいと思う気持ちを持って当然ですし、つい目の前にある肩書や名誉や利益といったものに目を奪われがちです。でも、そういう栄光にばかり固執していても、私たちは決して幸せにはなれません。ブロードウェイでも、いくら華々しく活躍していても哀れな人にたくさん出会ってきました。

　私が再渡米を決意したとき、もちろん夢が叶う保証なんてまったくありませんでした。もしかしたら、今でもブロードウェイを目指してオーディションを受け続けていたかもしれません。そ

れでも、あのとき自分の心の声に耳を閉ざして日本に残っているよりは、よほど幸せになっていると断言できます。それは、結果ではなくプロセスにこそ喜びがあることを、私はすでに知っているからです。

「これが手に入ったら幸せになれる」ではなく、自分のBIG WHYを大切に、あなたが今という瞬間にShow Upして、前向きにチャレンジしていくプロセスをぜひ楽しんでください。
「今日から始めるShow Upの習慣」は、常に好奇心をもって進化し続けることなのですから。

　もしあなたが立ち戻るべきBIG WHYがないのに結果だけを求めている自分に気がついたのだとしたら、それもまた1つの成長だといえます。そういうときは、勇気をもってまた新しい一歩を踏み出してみてください。
　私も、あなたと一緒に心の声に忠実に勇気ある一歩を踏み出していきます。5年後、10年後にはまったく違うところにいるかもしれません。でも、すべての答えが出ていないからこそ人生はおもしろいのではないでしょうか。

　あなたがこの本を手に取ってくださったことで生まれたせっかくのご縁です。近い将来、直接お会いできる日が来るかもしれません。本書を読んでいただいたお礼として、「心のチェックイン」の動画をプレゼントします。
　https://www.yu-project.org/book
　ぜひ繰り返しご覧になって、心の声を聞く練習を重ねてくださいね。

「いつか海外で学んだことを母国に還元したい」

　高校生の頃にエッセイを書きながら感じていた BIG WHY が、（さまざまな紆余曲折を経て）おかげさまでこのたび、書籍という形で実現しました。ニューヨークが私にくれた GIFT は、自分らしく生きる喜びと自信です。同様に、この一度きりの人生で、あなたにも自分らしく生きる喜びと自信を感じていただくことが、私の願いであり、今の BIG WHY です。

　演劇という芸術を通し、そして『YU-project』を通して、これからも「可能性は無限大！」と、大空に向かってあなたへの応援歌を歌い続けます。

　最後になりましたが、本書を出版するにあたりマジシャンのように全体をまとめてくださった担当編集の阿部泰樹さん、ご縁をつないでくださり常に温かくサポートしてくださったホリプロインターナショナルの金成雄文さん、そしてこの本のメッセージに共感し、「Yes」と言ってくださったイマジカインフォスの前田起也さんに、心よりお礼を申し上げます。

　そして、いつもそばで優しく支えてくれる夫のダン、私の大切な両親と兄、親戚、大好きな友人たち、どうもありがとう。

　これまでかけがえのない教えをくださった先輩、恩師、メンター、そして『YU-project』の活動に賛同し応援してくださっている皆さん、これまで出会ったすべての方々に感謝します。

たくさんのご縁に導かれて今の私がいます。

　そして何より、この本と出会ってくださったあなたに、心から感謝いたします。

　ぜひ人生にShow Upして、あなたが主人公としてイキイキ輝くストーリーを歩んでください。あなたの人生があなたらしい輝きで溢れることを、心から祈っています。

　You are Unlimited.
　あなたの可能性は無限大です。

　　　　　　　　　2023年初夏　ニューヨークにて
　　　　　　　　　愛と感謝を込めて
　　　　　　　　　由水 南

著	── 由水 南	校正・校閲	── 入倉さち子
装 丁	── 井上新八	写 真 提 供	── Justin Patterson
本文デザイン	── 三森健太（JUNGLE）	編 集 担 当	── 阿部泰樹（イマジカインフォス）
ＤＴＰ制作	── 市岡哲司		

今日から始めるSHOW UPの習慣

選ばれなかった私のそれでも折れない心の作り方

2023年10月31日　第1刷発行

著 者　由水 南
発 行 者　廣島順二
発 行 所　株式会社イマジカインフォス
　　　　　〒101-0052　東京都千代田区神田小川町3-3
　　　　　電話 03-3294-3136（編集）
発 売 元　株式会社主婦の友社
　　　　　〒141-0021　東京都品川区上大崎3-1-1 目黒セントラルスクエア
　　　　　電話 049-259-1236（販売）
印 刷 所　大日本印刷株式会社

© Minami Yusui & Imagica Infos Co., Ltd. 2023 Printed in Japan　ISBN978-4-07-456013-4

■ 本書の内容に関するお問い合わせは、イマジカインフォス企画制作本部（電話03-6273-7850）にご連絡ください。
■ 乱丁本、落丁本はおとりかえいたします。主婦の友社（電話049-259-1236）にご連絡ください。
■ イマジカインフォスが発行する書籍・ムックのご注文は、お近くの書店か主婦の友社コールセンター（電話:0120-916-892）まで。＊お問い合わせ受付時間　月～金（祝日を除く）10:00～16:00

イマジカインフォスホームページ　https://www.st-infos.co.jp/
主婦の友社ホームページ　https://shufunotomo.co.jp/